Florian Schmieg

Verwaltungsrecht 1

COPYRIGHT: Richter-Verlag
              Hans-Peter Richter
              Paul-Schroeder-Straße 18
              24229 Dänischenhagen
              Tel. 04349-1725
              Fax 04349-571
              e-mail: RICHTER-VERLAG@t-online.de

Druck und Verarbeitung: Druckerei Schmidt & Klaunig, Kiel

5. Auflage 2006

ISBN 3-935150-11-3

INHALTSÜBERSICHT

1. Kapitel
Allgemeines zum Verwaltungsrecht

1) Das Verwaltungsrecht als Teil des Öffentlichen Rechts

Das deutsche Rechtssystem unterteilt sich in das Öffentliche Recht und das Privatrecht.

Das Privatrecht regelt die Rechtsbeziehungen zwischen gleichberechtigten Rechtssubjekten (den Bürgern untereinander), das Öffentliche Recht dagegen regelt die Beziehungen zwischen Hoheitsträgern und Rechtsunterworfenen (dem Staat und den Bürgern).

Das Öffentliche Recht lässt sich in Strafrecht (das allerdings eine Sonderstellung einnimmt), Verfassungsrecht und Verwaltungsrecht unterteilen, das Verwaltungsrecht wiederum untergliedert sich in das allgemeine und das besondere Verwaltungsrecht. Daneben steht noch das Verwaltungsprozessrecht.

Zum **allgemeinen Verwaltungsrecht** zählt man diejenigen Regelungen, Begriffe, Grundsätze und Rechtsinstitute, die den speziellen Gebieten des "besonderen Verwaltungsrechts" (z.B. Kommunalrecht, Baurecht, Polizeirecht, Steuerrecht, Beamtenrecht, Gewerberecht,...) "vor die Klammer gezogen", sind. Also Regelungen und Grundsätze, die im gesamten Verwaltungsrecht gelten.

Das **Verwaltungsprozessrecht** beschäftigt sich mit den in der VwGO geregelten prozessrechtlichen Fragen, insbesondere mit dem Problem der Zulässigkeit einer Klage.

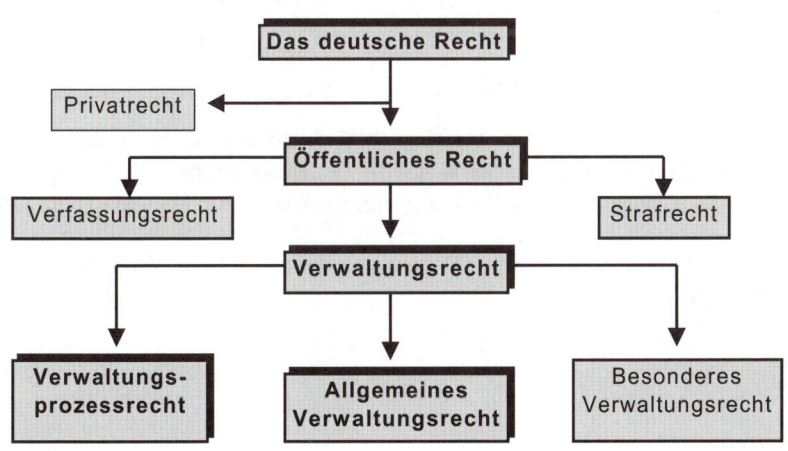

Das Verwaltungsrecht regelt die *Verwaltung des Staates.* "Staat" meint hier Bund, Länder, Gemeinden, Kreise und andere Körperschaften und Anstalten des öffentlichen Rechts.

Unter **Verwaltung** versteht man dabei

> **diejenige Staatstätigkeit, die nach der Gewalten-teilungslehre (Aufteilung der staatlichen Tätigkeiten in Judikative, Legislative und Exekutive) nicht Gesetzgebung und nicht Rechtsprechung ist.**

Das *Wesensmerkmal der gesamten öffentlichen Verwaltung* ist das **Handeln im öffentlichen Interesse**. Hierunter fallen insbesondere die Belange der Allgemeinheit und auch der Schutz der Rechte des Einzelnen.

Orientiert an der *Wirkung des Verwaltungshandelns* unterscheidet man:
Eingriffsverwaltung und **Leistungsverwaltung**

Von **Eingriffsverwaltung** spricht man, wenn *Maßnahmen ausgeführt werden, die den Bürger belasten* (Maßnahmen, die in Rechte eingreifen), von **Leistungsverwaltung,** wenn der Saat (die Verwaltung) *Leistungen erbringt und Begünstigungen gewährt.*

In der verwaltungsrechtlichen Klausur geht es deshalb in der Regel um die gerichtliche Überprüfung von belastenden Maßnahmen des Staates gegenüber dem Bürger oder aber um die Durchsetzung von unterlassenen staatlichen Leistungen.

> **Bsp.:** *A will sich gegen einen Bußgeldbescheid wehren. B möchte sich gegen eine Beschlagnahme wehren. C will von der Verwaltung den Erlass einer Baugenehmigung. D will die Bewilligung einer Subvention.*

Das Verwaltungsrecht wird in einer Vielzahl von Gesetzen und Verordnungen geregelt. Das Verwaltungsprozessrecht, insbesondere die Klagemöglichkeiten und die jeweiligen Klagevoraussetzungen (Zulässigkeitsvoraussetzungen) werden in der **VwGO** geregelt.

Die wichtigsten verfahrensrechtlichen Regelungen des allgemeinen Verwaltungsrechts sind in den **VwVfG** geregelt.

Klausur-hinweis:	Ob das Bundes-VwVfG oder das VwVfG des jeweiligen Landes (das dem BVwVfG zum größten Teil wörtlich entspricht, aber eben nicht immer) zur Anwendung kommt, wird in § 1 BVwVfG bzw. § 1 LVwVfG geregelt. Regelmäßig gilt, dass die Vorschriften des BVwVfG zur Anwendung kommen, wenn eine Bundesbehörde gehandelt hat (oder handeln soll) und die Vorschriften des jeweiligen Landes-VwVfG, wenn eine Landesbehörde gehandelt hat (oder handeln soll). In der **Klausur** ist wichtig, das richtige Gesetz anzuwenden und dies auch deutlich zu machen.

2) Der Verwaltungsrechtsschutz

Die Verwaltung als vollziehende Gewalt ist bei der Ausübung ihrer Tätigkeit bereits nach Art. 20 III GG an Recht und Gesetz gebunden. Trotzdem oder gerade deshalb muss das staatliche Handeln der vollen gerichtlichen Kontrolle unterliegen (vgl. Art. 19 III GG).

Der Verwaltungsrechtsschutz ist dabei deshalb besonders wichtig, weil *im Interesse der Rechtssicherheit und des Vertrauensschutzes auch rechtswidrige staatliche Handlungen in der Regel zunächst wirksam sind.*

So ist ein rechtswidriger VA (mit Ausnahme der Fälle des § 44 VwVfG) zunächst wirksam. Selbst der eingereichte Widerspruch hindert nur die Vollstreckbarkeit, ändert aber zunächst nichts an der Wirksamkeit des VA. Erst wenn im Widerspruchsverfahren positiv entschieden wird, wird der VA von der Verwaltungsbehörde aufgehoben, wodurch er seine Wirksamkeit verliert. Wird der Widerspruch abgelehnt, kann der Bescheid nur noch durch ein Gerichtsurteil aufgehoben werden.

Es stehen **drei Möglichkeiten des Verwaltungsrechtsschutzes** zur Verfügung:

> - das **Widerspruchsverfahren**,
> - die **Klage** und
> - das **Verfahren des einstweiligen Rechtsschutzes**

Beim **Widerspruchsverfahren** handelt es sich um ein *der Klage vorgeschaltetes außergerichtliches (Verwaltungs-)Verfahren*, das der Verwaltungsbehörde ermöglicht (und sie verpflichtet), ihre Entscheidung/Maßnahme noch einmal auf ihre Recht- und Zweckmäßigkeit zu überprüfen (vgl. 3. Kapitel, I.3.).

Bei der **Klage** und damit der gerichtlichen Überprüfung einer Maßnahme wird zwischen der **Zulässigkeit** und **Begründetheit** der Klage unterschieden. Im Rahmen der Zulässigkeitsprüfung überprüfen die Gerichte zunächst, ob sie sich überhaupt mit der Sache selbst befassen dürfen, d. h. ob eine Sachprüfung zulässig ist.

3

Die hierbei zu prüfenden Punkte werden als Zulässigkeitsvoraussetzungen (oder auch Sachentscheidungsvoraussetzungen) bezeichnet. Nur wenn die Zulässigkeitsvoraussetzungen vorliegen (die Klage also zulässig ist), prüfen die Gerichte, ob die Klage auch begründet ist (Sachprüfung oder materielle Prüfung).

Je nachdem, was der Kläger will (je nach Klagebegehren), stehen verschiedene Klagearten zur Verfügung. Dabei unterscheidet man zwischen drei Grundtypen:

Die **Leistungsklage** (im weiten Sinne) dient der *Geltendmachung von öffentlich-rechtlichen Ansprüchen auf ein Tun, Dulden oder Unterlassen*.

Die **Gestaltungsklage** dient der *unmittelbaren Änderung der Rechtslage durch das Urteil selbst*.

Die **Feststellungsklage** dient der *verbindlichen Feststellung der Rechtslage*.

3) Die Zulässigkeitsvoraussetzungen im Überblick

Bei den Zulässigkeitsvoraussetzungen wird zwischen **"echten"** und **"unechten"** **Zulässigkeitsvoraussetzungen** unterschieden. Das Nichtvorliegen einer "echten" Zulässigkeitsvoraussetzung (zum Zeitpunkt der letzten mündlichen Verhandlung) hat zur Folge, dass die Klage als unzulässig abgewiesen wird, d. h. das Gericht kommt erst gar nicht zur Prüfung der Frage, ob das angegriffene Verhalten der Verwaltung rechtmäßig oder rechtswidrig ist.

Das Nichtvorliegen einer "unechten" Klagevoraussetzung führt dagegen nicht zur Abweisung der Klage.

Bsp.: Fehlt es an der Klagebefugnis als echte Zulässigkeitsvoraussetzung, wird die Klage als unzulässig abgewiesen. Auch das Fehlen eines erforderlichen Widerspruchsverfahrens führt zur Unzulässigkeit der Klage. Wird dagegen der falsche Rechtsweg gewählt, so verweist das Gericht den Rechtsstreit an das zuständige Gericht des zulässigen Rechtsweges (vgl. § 173 VwGO, § 17a II GVG). Wird die falsche Klageart gewählt, wird der Klageantrag entsprechend dem erkennbaren Willen des Antragstellers umgedeutet (vgl. § 88 VwGO).

Des Weiteren unterscheidet man zwischen **"allgemeinen"** und **"besonderen"** **Zulässigkeitsvoraussetzungen**. "Allgemeine" Zulässigkeitsvoraussetzungen sind alle Zulässigkeitsvoraussetzungen, die bei jeder Klage vorliegen müssen, unabhängig von der jeweiligen Klageart. Die "besonderen" Zulässigkeitsvoraussetzungen dagegen sind von der jeweiligen speziellen Klageart abhängig.

Bsp.: Die Frage der Rechtswegeröffnung und der ordnungsgemäßen Klageerhebung sind allgemeine Zulässigkeitsvoraussetzungen, Klagebefugnis und Widerspruchsverfahren dagegen sind besondere Zulässigkeitsvoraussetzungen.

a) Eröffnung des Verwaltungsrechtsweges

Als Erstes ist immer die Rechtswegeröffnung zu prüfen. Dabei handelt es sich um die Frage, welchem Rechtsweg die Streitigkeit zugewiesen ist. In Betracht kommt hier neben dem Verwaltungsrechtsweg der ordentliche Rechtsweg, der Rechtsweg zu den Arbeits- oder Sozialgerichten oder der Rechtsweg vor das BVerfG.

b) Statthafte Klageart

Für die Bestimmung der richtigen (statthaften) Klageart ist vom **Klagebegehren** auszugehen, d. h. von der Frage, *was der Kläger will* (in der Regel die Abwehr oder Vornahme einer staatlichen Maßnahme).

Das Klagebegehren ist deshalb aus der Interessenlage des Klägers zu ermitteln.

Es muss bei der Klageerhebung nach § 82 I 1 VwGO bezeichnet werden. Das Verwaltungsgericht darf nach § 88 VwGO über das Klagebegehren nicht hinausgehen. Es ist aber an die Fassung des Antrages nicht gebunden, wenn das Klagebegehren im Antrag nicht richtig zum Ausdruck kommt, vgl. § 88 VwGO.

Dem Kläger stehen, abhängig vom konkreten Klagebegehren, **sechs verschiedene Klagearten** zur Verfügung:

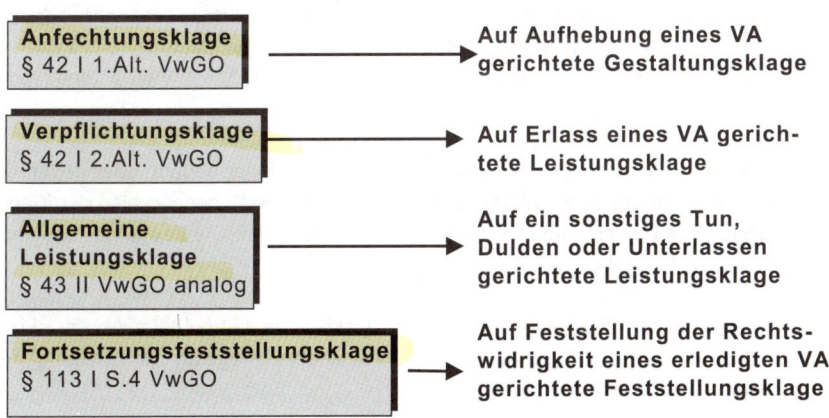

Anfechtungsklage § 42 I 1.Alt. VwGO	**Auf Aufhebung eines VA gerichtete Gestaltungsklage**
Verpflichtungsklage § 42 I 2.Alt. VwGO	**Auf Erlass eines VA gerichtete Leistungsklage**
Allgemeine Leistungsklage § 43 II VwGO analog	**Auf ein sonstiges Tun, Dulden oder Unterlassen gerichtete Leistungsklage**
Fortsetzungsfeststellungsklage § 113 I S.4 VwGO	**Auf Feststellung der Rechtswidrigkeit eines erledigten VA gerichtete Feststellungsklage**

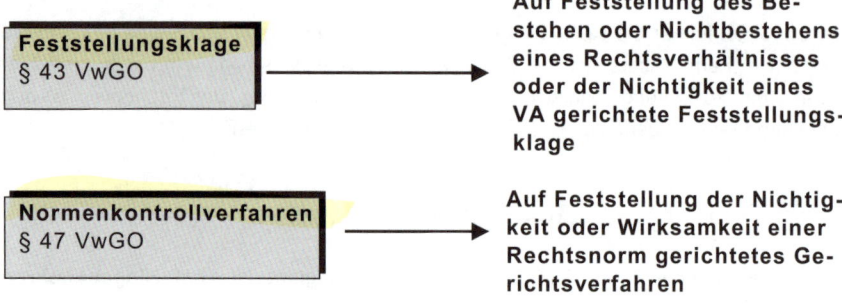

| Feststellungsklage § 43 VwGO | → | Auf Feststellung des Bestehen oder Nichtbestehens eines Rechtsverhältnisses oder der Nichtigkeit eines VA gerichtete Feststellungsklage |
| Normenkontrollverfahren § 47 VwGO | → | Auf Feststellung der Nichtigkeit oder Wirksamkeit einer Rechtsnorm gerichtetes Gerichtsverfahren |

Hinweis

Die Klageart ist eigentlich keine unmittelbare Zulässigkeitsvoraussetzung. Das Feststellen der richtigen Klageart ist aber für den weiteren Prüfungsaufbau entscheidend. Von der Klageart hängen ab:
- die weiteren klageartabhängigen Zulässigkeitsvoraussetzungen (= besondere Zulässigkeitsvoraussetzungen)
- der Einstieg in die Begründetheitsprüfung
- der mögliche Inhalt des Sachurteils

Zunächst ist zu klären, ob sich der Kläger gegen eine staatliche Maßnahme wehren will, oder ob er eine staatliche Maßnahme begehrt. Sodann ist zu prüfen, ob es sich bei der Maßnahme um einen VA handelt. Begehrt der Kläger einen VA, ist die *Verpflichtungsklage* statthaft, begehrt er die Aufhebung eines erlassenen VA, die *Anfechtungsklage*. Will sich der Kläger gegen einen VA wehren, der sich bereits erledigt hat, kommt eine *Fortsetzungsfeststellungsklage* nach § 113 I 4 VwGO direkt oder analog in Betracht.

Handelt es sich bei der staatlichen Maßnahme, die der Kläger begehrt oder gegen die er sich wehrt, nicht um einen VA (sondern um einen Realakt), begehrt also der Kläger ein sonstiges Tun Dulden oder Unterlassen, kommt die *allgemeine Leistungsklage* nach § 43 II analog in Betracht.

Zu beachten ist, dass die *allgemeine Feststellungsklage* gemäß § 43 II *subsidiär* ist und deshalb nur dann einschlägig ist, wenn keine andere Klageart zur Erfüllung des Klägerbegehrens in Betracht kommt.

Klausurhinweis

In der **Klausur** sollte bei der Prüfung, welche Klageart in Betracht kommt, immer mit der Anfechtungs- oder Verpflichtungsklage begonnen werden.

c) Klagebefugnis (§ 42 II VwGO)

Damit der Kläger überhaupt berechtigt ist, eine Klage einzureichen, muss er klagebefugt sein. Diese **Befugnis zur Klage** liegt nur dann vor,

> **wenn die Möglichkeit besteht, dass der Kläger durch die angegriffene Maßnahme oder das Nichtvornehmen einer begehrten Maßnahme in seinen subjektiven Rechten verletzt wird.**

Ausdrücklich geregelt ist die Klagebefugnis *nur für die Anfechtungs- und Verpflichtungsklage*, vgl. § 42 II VwGO. Sie muss aber nach h.M. unter analoger Anwendung von § 42 II VwGO bei *sämtlichen Klagearten vorliegen.*

d) Widerspruchsverfahren

Die Durchführung eines ordnungsgemäßen Widerspruchsverfahrens vor Klageerhebung ist nach § 68 I S.1, II VwGO *besondere Zulässigkeitsvoraussetzung der Anfechtungs- und Verpflichtungsklage.* In diesem Widerspruchsverfahren wird die Rechtmäßigkeit und die Zweckmäßigkeit der Maßnahme (bzw. das Unterlassen der begehrten Maßnahme) durch die Verwaltung überprüft. Es handelt sich um ein förmliches, außergerichtliches Verwaltungsverfahren.

Zweck des Widerspruchsverfahrens ist die *verwaltungsinterne Kontrolle durch die Behörde und die Entlastung der Gerichte.* Hält der Betroffene einen erlassenen VA oder die Ablehnung eines begehrten VA für rechtswidrig, soll die Verwaltung zunächst die Möglichkeit haben, ihre Maßnahme/Entscheidung erneut zu überprüfen (Selbstkontrolle der Verwaltung).

e) Klagefrist

Als *besondere Zulässigkeitsvoraussetzung der Anfechtungs- und Verpflichtungsklage* müssen diese Klagen innerhalb einer bestimmten Frist eingereicht werden, vgl. § 74 I, II VwGO. Nach Ablauf dieser Klagefrist ist die Klage unzulässig. Ein solcher Rechtsmittelausschluss ist zur Wahrung der Rechtssicherheit und zur Sicherung der Handlungsfähigkeit der Verwaltung erforderlich. Ein erlassener VA muss von der Verwaltung auch durchgesetzt (vollstreckt) werden können. Das setzt voraus, dass der VA bestandskräftig ist, d.h. dass der VA eben gerade nicht mehr angegriffen und möglicherweise gerichtlich aufgehoben werden kann (selbst wenn er rechtswidrig ist!).

f) Zuständigkeit des angerufenen Gerichts

Die Klage muss nach den §§ 45 ff VwGO beim sachlich und örtlich zuständigen Gericht eingereicht werden.

g) Ordnungsgemäße Klageerhebung

Die Klage muss ordnungsgemäß erhoben werden. Die §§ 81 und 82 VwGO regeln bestimmte formelle und inhaltliche Voraussetzungen der Klageschrift.

h) Beteiligtenfähigkeit und Prozessfähigkeit

Bei der **Beteiligtenfähigkeit** nach § 61 VwGO geht es um die Frage, *wer an einem (Gerichts-)verfahren überhaupt beteiligt sein kann.*

Beteiligte des Verfahrens sind dabei der Kläger, der Beklagte und die Beigeladenen, vgl. § 63 VwGO.

Die **Prozessfähigkeit** nach § 62 VwGO regelt die Frage, *wer zur Vornahme von Verfahrenshandlungen fähig ist.*

i) Klagegegner

§ 78 VwGO regelt, gegen wen die Klage zu richten ist, also wer überhaupt verklagt werden muss.

j) Fehlende anderweitige Rechtskraft oder Rechtshängigkeit

Hier ist zu klären, ob die Streitigkeit nicht schon vor einem anderen Gericht rechtshängig geworden ist oder aber ob in der gleichen Sache nicht schon eine rechtskräftige Entscheidung vorliegt.

Hinweis

In der Klausur sollten nach dem Gebot der "richtigen Schwerpunktbildung" nicht alle Zulässigkeitsvoraussetzungen schematisch abgehandelt werden. So sind Ausführungen über die Prozess- und Beteiligungsfähigkeit des Klägers regelmäßig nur dann notwendig, wenn hier Probleme liegen.

2. Kapitel
Die Eröffnung des Verwaltungsrechtsweges, § 40 I VwGO

Jede Zulässigkeitsprüfung beginnt zunächst mit der Frage nach dem einschlägigen Rechtsweg.

Hinweis 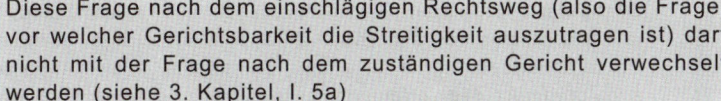 Diese Frage nach dem einschlägigen Rechtsweg (also die Frage, vor welcher Gerichtsbarkeit die Streitigkeit auszutragen ist) darf nicht mit der Frage nach dem zuständigen Gericht verwechselt werden (siehe 3. Kapitel, I. 5a)

§ 40 I VwGO regelt, wann der **Verwaltungsrechtsweg** eröffnet ist:

> **Der Verwaltungsrechtsweg ist gemäß § 40 I VwGO in allen**
> **- öffentlich-rechtlichen Streitigkeiten**
> **- nichtverfassungsrechtlicher Art, soweit diese Streitigkeit**
> **- nicht einem anderen Gericht ausdrücklich zugewiesen ist**
> **eröffnet.**

1) Aufdrängende Sonderzuweisung

Bei § 40 I VwGO handelt es sich um eine **Generalklausel**, die dann nicht zur Anwendung kommt, wenn die Eröffnung des Verwaltungsrechtsweges durch ein spezielles Gesetz begründet wird. So regelt z.B. §126 I BRRG (als wichtigste aufdrängende Sonderzuweisung), dass für alle Klagen von Beamten aus dem Beamtenverhältnis der Verwaltungsrechtsweg eröffnet ist. Geht es also um eine solche beamtenrechtliche Streitigkeit, ist der Verwaltungsrechtsweg nach § 126 I BRRG eröffnet und *es darf nicht auf § 40 I VwGO zurückgegriffen* werden.

2) Öffentlich-rechtliche Streitigkeit

Das Merkmal der öffentlich-rechtlichen Streitigkeit *dient der Abgrenzung gegenüber privatrechtlichen Streitigkeiten,* für die der Rechtsweg nach § 13 GVG vor den ordentlichen Gerichten eröffnet ist.

öffentlich-rechtliches und
privatrechtliches Handeln der Verwaltung

Im Verwaltungsrecht geht es zwar immer um Handlungen (oder Unterlassen) der Exekutive. Die Exekutive handelt aber nicht immer öffentlich-rechtlich, sondern hat auch die Möglichkeit, privatrechtlich zu handeln.

So erfolgt die Beschaffung der für die Verwaltung erforderlichen Sachgüter (Büromaterial, Verwaltungsgebäude, Kraftfahrzeuge, ...) durch privatrechtliche Verträge (Kaufverträge, Mietverträge, Werkverträge, ...). Entsprechendes gilt für die Einstellung der Angestellten und Arbeitnehmer des öffentlichen Dienstes. In diesen Fällen tritt die Verwaltung rechtlich nicht anders auf als ein privates Unternehmen, maßgebend sind die Vorschriften des Privatrechts. Man spricht hier von **fiskalischen Hilfsgeschäften.**

Auch die **erwerbswirtschaftliche Betätigung** des Staates (durch eigene Unternehmen oder aber durch Aktiengesellschaften, die ganz oder teilweise in staatlicher Hand sind), richtet sich nach Privatrecht, d. h. es liegt kein öffentlich-rechtliches Handeln vor. Gemeint sind diejenigen Betätigungen, die (wie die eines privaten Unternehmers) nach wirtschaftlichen Grundsätzen in der Absicht der Gewinnerzielung erfolgen.

Die Verwaltung hat aber auch die Möglichkeit, bei der Erfüllung von Verwaltungsaufgaben privatrechtlich zu handeln. Das ist allerdings nur in begrenztem Umfang möglich und zulässig. Die gesamte **Ordnungs- und Abgabenverwaltung,** *die auf Zwangsmittel angewiesen ist, kann auf die hoheitlichen Befugnisse des öffentlichen Rechts nicht verzichten.* Auch die **Leistungsverwaltung,** die in der Regel nicht des Zwangs bedarf, ist bereits weitgehend durch öffentlich-rechtliche Vorschriften geregelt. Soweit solche Vorschriften fehlen, *steht es der Verwaltung aber frei,* ihre Leistungen aufgrund öffentlich-rechtlicher oder privatrechtlicher Rechtsnormen zu erbringen. Zu den öffentlichen Aufgaben, die in privatrechtlicher Form erfüllt werden können, gehören insbesondere Aufgaben der Daseinsvorsorge wie z. B. die Versorgung mit Energie und Wasser oder der Betrieb der Kanalisation, das Angebot kultureller Leistungen wie Theater und Büchereien oder der Betrieb von Sportanlagen. Die **Wahlfreiheit** der Verwaltung *bezieht sich dabei sowohl auf die Organisationsform der Einrichtung als auch auf die Ausgestaltung des Leistungs- oder Benutzungsverhältnisses.* So kann die Gemeinde die Wasserversorgung in eigener Regie betreiben oder aber durch eine von ihr beherrschte private Firma (z.B. einer GmbH) durchführen lassen. Wird die Wasserversorgung von einer privaten Firma betrieben, kann das

Nutzungsverhältnis nur privatrechtlich sein (eine GmbH beispielsweise als privatrechtliche Einrichtung kann ja nicht öffentlich-rechtlich handeln). Betreibt die Verwaltung die Wasserversorgung selbst, kann sie das Nutzungsverhältnis öffentlich-rechtlich oder privatrechtlich ausgestalten.

Man spricht hier vom sog. **Verwaltungsprivatrecht.** Zu beachten ist dabei, dass sich die Verwaltung *durch die Wahl des Privatrechts nicht den bestehenden öffentlich-rechtlichen Bindungen entziehen darf.* Das gilt insbesondere für die Grundrechtsbindung, aber auch für die sonstigen Beschränkungen des öffentlichen Rechts. Der Verwaltung stehen nur die privatrechtlichen Rechtsformen, nicht die Freiheiten und Möglichkeiten der Privatautonomie zur Verfügung.

Regelmäßig Schwierigkeiten macht die Frage, ob das Nutzungsverhältnis eines in eigener (staatlicher) Regie geführten Betriebes nun öffentlich-rechtlich oder privatrechtlich ausgestaltet ist. Indizien für ein öffentlich-rechtliches Nutzungsverhältnis sind z.b. der Erlass einer Satzung, Anschluss- und Benutzungszwang, Gebühren oder Beiträge als Entgelt, Verweisung auf Widerspruch oder Verwaltungsrechtsweg, ...

Indizien für ein privatrechtliches Nutzungsverhältnis sind z. B. die Verwendung von allgemeinen Geschäftsbedingungen, von BGB-Begriffen wie Kauf, Miete, Auftrag, Hinweis auf den Zivilrechtsweg, ...

Im Zweifel, wenn also die Frage der Ausgestaltung des Nutzungsverhältnisses nicht geklärt werden kann, ist von einem öffentlich-rechtlichen Verhältnis auszugehen.

a) Zuordnung der streitentscheidenden Norm zum öffentlichen Recht

Eine **öffentlich-rechtliche Streitigkeit** liegt dann vor, wenn die Verwaltung öffentlich-rechtlich gehandelt hat (oder handeln soll).

> Die Rechtsnatur der Streitigkeit richtet sich also nach der Rechtsnatur der abzuwehrenden oder begehrten Maßnahme.

> Öffentlich-rechtlich handelt die Verwaltung dann, wenn deren Handeln in öffentlich-rechtlichen Gesetzen geregelt ist.

Die Rechtsnatur des Verwaltungshandelns ist also identisch mit der Rechtsnatur der Rechtsgrundlage für das Verwaltungshandeln.

> **Eine öffentlich-rechtliche Streitigkeit liegt vor, wenn die streitentscheidenden Normen dem öffentlichen Recht zuzuordnen sind**

Die Prüfung erfolgt in drei Schritten:

1. Festlegung des Streitgegenstandes
2. Nach welchen Rechtsnormen beurteilt sich diese Streitigkeit?
3. Sind diese streitentscheidenden Normen solche des öffentlichen Rechts?

1. Zunächst muss festgestellt werden, *was eigentlich Gegenstand des Rechtsstreits ist.*

Der **Streitgegenstand** ist das vom Kläger aufgrund eines bestimmten Sachverhalts *an das Gericht gerichtete Begehren* um Rechtsschutz durch Erlass einer Entscheidung. Er besteht aus dem *Antrag des Klägers* und *dem dazugehörigen Lebenssachverhalt.*

> *Bsp.: Will sich der Kläger gegen eine Beschlagnahme wehren, so ist diese Beschlagnahme der Streitgegenstand. Will sich der Kläger gegen eine Beleidigung wehren, so ist die Äußerung der Beleidigung der Streitgegenstand. Will der Kläger eine Subventionsbewilligung einklagen, so ist die verweigerte Bewilligung der Gegenstand des Streits.*

Hinweis

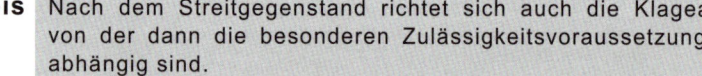

Nach dem Streitgegenstand richtet sich auch die Klageart, von der dann die besonderen Zulässigkeitsvoraussetzungen abhängig sind.

2. Danach ist zu klären, **nach welcher Rechtsnorm** (oder Rechtsnormen) der Streit zu entscheiden ist, sprich in welcher Rechtsnorm (oder Rechtsnormen) der streitige Sachverhalt geregelt wird.

<table>
<tr>
<td>

Beachten Sie:

</td>
<td>

Wird von der falschen Rechtsnorm (da nicht streitentscheidend) ausgegangen, läuft die Begründetheitsprüfung (in der die Rechtmäßigkeit der Maßnahme anhand der Ermächtigungs- oder Anspruchsgrundlage, also der streitentscheidenden Norm, überprüft wird) an der Klausur vorbei!

Die Festlegung der streitentscheidenden Norm ist deshalb für die restliche Klausur entscheidend. Hier darf kein Fehler gemacht werden, vgl. hierzu 3. Kapitel II. 1a)

</td>
</tr>
</table>

3. Als letztes ist zu prüfen, ob es sich bei dieser streitentscheidenden Norm (oder den streitentscheidenden Normen) **um eine öffentlich-rechtliche Norm handelt.** Eine öffentlich-rechtliche Norm ist dabei *jede Vorschrift des öffentlichen Rechts.* Sofern nicht eindeutig feststeht, ob es sich bei der streitentscheidenden Norm um eine öffentlich-rechtliche oder um eine privatrechtliche Norm handelt, stehen zur Einordnung drei unterschiedliche Theorien zur Verfügung.

> *Bsp.: § 3 PolG ist eindeutig eine öffentlich rechtliche Norm. § 535 BGB ist eindeutig eine privatrechtliche Norm. Bei § 43 I BGB (lesen!) ist die Einordnung dagegen schwierig.*

Nach der **Interessentheorie** sind diejenigen Vorschriften öffentlich-rechtlich, die *ausschließlich oder überwiegend öffentlichen Interessen dienen,* privatrechtlich sind diejenigen Vorschriften, die den Individualinteressen einzelner dienen.

> *Bsp.: § 43 BGB dient dem Schutz des Gemeinwohls und damit dem öffentlichen Interesse.*

Nach der **Subordinationstheorie** sind Normen dem öffentlichen Recht zuzuordnen, *wenn sie ein Rechtsverhältnis regeln, indem sich die Streitenden in einem Über-Unterordnungsverhältnis gegenüberstehen.* Privatrechtliche Normen regeln Rechtsverhältnisse, indem sich die Parteien gleichberechtigt gegenüberstehen.

> *Bsp.: § 43 BGB ermöglicht die einseitige Entziehung der Rechtsfähigkeit und regelt somit ein Über-Unterordnungsverhältnis*

Nach der **modifizierten Subjektstheorie** (als wichtigste Theorie) sind diejenigen Vorschriften öffentlich-rechtlich, die - zumindest auf einer Seite des geregelten Rechtsverhältnisses - *ausschließlich einen Träger der öffentlichen Gewalt (Bund, Land, Gemeinden,...) berechtigen oder verpflichten.*

> *Bsp.: Die Entziehung der Rechtsfähigkeit nach § 43 BGB kann ausschließlich durch ein staatliches Organ erfolgen, es wird folglich ein Träger der öffentlichen Gewalt berechtigt und verpflichtet.*

Jede Theorie ist für sich allein nicht in der Lage, alle Normen richtig zuzuordnen. So gibt es auch privatrechtliche Normen, die dem öffentlichen Interesse dienen (z.B. Arbeitsschutzvorschriften) und auch im öffentlichen Recht gibt es Gleichordnungsverhältnisse (z.B. bei Abschluss eines öffentlich-rechtlichen Vertrages).

Die Theorien schließen sich also nicht gegenseitig aus, sondern ergänzen sich und können nebeneinander angewendet werden.

Hinweis

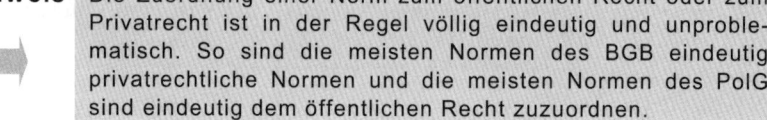

Die Zuordnung einer Norm zum öffentlichen Recht oder zum Privatrecht ist in der Regel völlig eindeutig und unproblematisch. So sind die meisten Normen des BGB eindeutig privatrechtliche Normen und die meisten Normen des PolG sind eindeutig dem öffentlichen Recht zuzuordnen.

**Klausur-
hinweis**

In einem solchen Fall genügt in der **Klausur** die Feststellung, dass die streitentscheidende Norm dem öffentlichen Recht zuzuordnen ist und somit eine öffentlich-rechtliche Streitigkeit vorliegt. Eine Auseinandersetzung mit den Theorien ist nur notwendig, wenn eine Norm nicht eindeutig zugeordnet werden kann.

b) Problemfälle

Problematischer wird die Einordnung einer Streitigkeit dann, wenn
- als streitentscheidende Norm *sowohl privatrechtliche als auch öffentlich-rechtliche Normen in Betracht kommen*, oder wenn es
- *keine streitentscheidende Norm gibt*,

da dann die obige Definition nicht weiterhilft. Die Rechtsnatur der abzuwehrenden oder der begehrten Maßnahme muss hier anhand eines Sachzusammenhanges ermittelt werden.

Die Rechtsnatur der Streitigkeit richtet sich nach der Rechtsnatur der abzuwehrenden oder der begehrten Maßnahme.

Eine öffentlich-rechtliche Streitigkeit liegt vor, wenn es um die Abwehr oder die Vornahme einer öffentlich-rechtlichen Maßnahme geht.

Bei der Frage, ob es sich bei der abzuwehrenden oder begehrten Maßnahme (also der Handlung der öffentlichen Gewalt) um eine öffentlich-rechtliche oder eine privatrechtliche Maßnahme handelt, ist auf den **Sachzusammenhang** sowie auf **Zweck und**

Ziel des Verwaltungshandelns abzustellen. Steht das Handeln in einem engen Sachzusammenhang mit einem öffentlich-rechtlichen bzw. privatrechtlichen Verwaltungshandeln, wird es selbst als öffentlich-rechtlich bzw. privatrechtlich beurteilt.

Einzelne Problemfälle

Ist der Streitgegenstand ein erteiltes **Hausverbot**, ist die Frage nach der streitentscheidenden Norm problematisch, da ein Hausverbot sowohl aufgrund der privatrechtlichen Eigentümerbefugnis (§ 903 BGB) als auch aufgrund einer öffentlich-rechtlichen Sachherrschaft der Behörde erteilt werden kann.

Bei der Frage, ob es sich um ein öffentlich-rechtliches oder um ein privatrechtliches Hausverbot handelt, ist zu klären, *in welchem Sachzusammenhang es zu der Erteilung des Hausverbotes kam*. Nach einer Auffassung ist dabei auf den **Besuchszweck** und nach einer anderen Auffassung auf den **Zweck des Hausverbotes** abzustellen.

Wird auf den **Besuchszweck** abgestellt, liegt eine öffentlich-rechtliche Streitigkeit dann vor, *wenn der Besuchszweck öffentlich-rechtlicher Natur ist*, d.h. wenn das öffentliche Gebäude zur Inanspruchnahme seines öffentlichen Zwecks betreten wird.

Bsp.: Das einem Studenten erteilte Hausverbot in einem Universitätsgebäude ist öffentlich-rechtlich, wenn dieser das Gebäude betreten hat, um eine Vorlesung zu besuchen. Um ein privatrechtliches Hausverbot handelt es sich dann, wenn der Student das Gebäude nur betritt, um sich aufzuwärmen.

Wird auf den **Zweck des Hausverbotes** abgestellt, liegt eine öffentlich-rechtliche Streitigkeit dann vor, *wenn das Hausverbot zur Sicherung der Erfüllung der öffentlichen Aufgaben dient*.

Bsp.: Wird eine Vorlesung durch einen demonstrierenden Studenten gestört und wird diesem Hausverbot erteilt, damit die Vorlesung ungehindert fortgeführt werden kann, handelt es sich um ein öffentlich-rechtliches Hausverbot.

Geht es um die Geltendmachung eines **Widerrufs- oder Unterlassungsanspruchs** aufgrund von beleidigenden oder unwahren **Äußerungen eines Beamten**, kommt als streitentscheidende Norm ebenfalls sowohl ein privatrechtlicher Anspruch analog § 1004 BGB oder aber ein öffentlich-rechtlicher Folgenbeseitigungsanspruch in Betracht. Die Rechtsnatur des Widerrufs- oder Beseitigungsanspruchs richtet sich hier *gemäß der "actus-contrarius-Theorie" nach der Rechtsnatur der Äußerung*. Für deren Rechtsnatur ist wiederum der **Sachzusammenhang**, *in dem die Äußerung gefallen ist*, entscheidend.

Macht der Beamte die Äußerung als Privatmann am Stammtisch, fehlt jeder Bezug zum öffentlichen Recht, ein Widerrufsanspruch kann sich hier nur aus dem BGB ergeben.

Wurde die Äußerung im Rahmen von Dienstgeschäften des Beamten getätigt, ist entscheidend, *mit welcher dienstlichen Tätigkeit sie im Zusammenhang stand.*

Fiel die Äußerung im Zusammenhang mit einem hoheitlichen Handeln, ist sie als öffentlich-rechtlich zu qualifizieren, streitentscheidende Norm ist hier der öffentlich-rechtliche Beseitigungsanspruch, die Streitigkeit ist öffentlich-rechtlich.

Ist die Äußerung im Zusammenhang mit einem fiskalischen oder erwerbs-wirtschaftlichen Handeln der Verwaltung gefallen, steht sie im Sachzusammenhang mit privatrechtlichem Handeln und der Abwehranspruch ist dem Privatrecht zuzuordnen.

Bei sonstigen **Realakten** ist die Einordnung schwierig, wenn sie keine gesetzliche Grundlage haben (ansonsten ergibt sich die Einordnung ja schon aus der Rechtsnatur der Rechtsnorm). Realakte sind immer dann als öffentlich-rechtlich zu qualifizieren, *wenn sie im Sachzusammenhang mit einer hoheitlichen und damit öffentlich-rechtlichen Verwaltungstätigkeit stehen.*

> **Bsp.:** *Die Sammlung und Verwendung personenbezogener Daten richtet sich (je nachdem welche Behörde handelt), nach dem PolG, BVerfSchG oder nach den DatenschutzG. Die Rechtsnatur der Streitigkeit ergibt sich dann schon aus der Rechtsnatur der Ermächtigungsgrundlage.*
>
> *Für die Fahrt mit einem Dienstwagen dagegen gibt es keine gesetzliche Grundlage. Sie ist dann öffentlich-rechtlich zu beurteilen, wenn das Auto zur Erfüllung einer hoheitlichen Aufgabe benutzt wird. Wird das Auto in Ausübung fiskalischer oder erwerbswirt-schaftlicher Verwaltungstätigkeit benutzt, ist die Fahrt mit dem Dienstwagen privatrechtlich zu beurteilen.*

Bei **Immissionsfällen**, wo keine gesetzlichen Normen eingreifen, ist ebenfalls auf den Sachzusammenhang abzustellen. Entscheidend ist die *Einordnung der Einrichtung, gegen deren Immissionen (z. B. Lärm, Gestank) vorgegangen werden soll.*

Ein Abwehranspruch ist hier jedenfalls dann öffentlich-rechtlich, wenn es sich um eine öffentliche Einrichtung handelt, die öffentlich-rechtlich betrieben wird.

Wird die Einrichtung privatrechtlich betrieben, ist bei der Einordnung der Streitigkeit auf den Zweck und den Funktionszusammenhang der Einrichtung abzustellen. Dient die Einrichtung zur Daseinsfürsorge oder zur Wahrnehmung öffentlicher Aufgaben und damit dem öffentlichen Interesse (wie z. B. der Betrieb der Kanalisation), handelt es sich um eine öffentlich-rechtliche Streitigkeit (vgl. hierzu den Exkurs oben).

Bsp.: Will sich der Kläger gegen die Lärmbelästigung durch einen benachbarten Spielplatz wehren, handelt es sich um eine öffentlich-rechtliche Streitigkeit, wenn es sich bei dem Spielplatz um eine öffentliche Einrichtung handelt. Das ist dann der Fall, wenn es sich um einen Gemeindespielplatz handelt, der von der Gemeinde im Rahmen der Daseinsfürsorge betrieben wird.

Begehrt der Kläger den **Zugang zu einer öffentlichen Einrichtung**, deren Nutzungsverhältnis privatrechtlich geregelt ist, kommen als streitentscheidende Normen wieder sowohl privat- als auch öffentlich-rechtliche Normen in Betracht.

Bsp.: Die Stadt S hat das Nutzungsverhältnis der städtischen Turnhalle privatrechtlich organisiert, so dass die Halle für Veranstaltungen von der Stadt gemietet werden muss. Die Partei P möchte in der Turnhalle eine Wahlveranstaltung durchführen. S weigert sich, einen Mietvertrag abzuschließen. Ein Anspruch auf Zugang zur Stadthalle könnte sich hier aus den mietrechtlichen Vorschriften des BGB oder aber aus der entsprechenden Vorschrift der GemO ergeben (in Baden-Württemberg z. B. aus § 10 II GemO B-W).

Nach der **Zwei-Stufen-Theorie** ist hier *zwischen der Frage, "ob" die Leistung gewährt wird und der Frage, "wie" die Leistung gewährt wird, zu unterscheiden.*

Die erste Stufe, die Entscheidung, **"ob"** der Zugang zur öffentlichen Einrichtung gewährt wird oder nicht, ist dabei unabhängig von der Ausgestaltung des Nutzungsverhältnisses immer eine **öffentlich-rechtliche Maßnahme**. Ein eventueller Anspruch könnte sich aus der entsprechenden Vorschrift der GemO (z. B. aus § 10 II GemO B-W) ergeben. Folglich handelt es sich um eine öffentlich-rechtliche Streitigkeit.

Geht es um die Ausgestaltung des Nutzungsverhältnisses, wie z. B. um die Miethöhe, handelt es sich im Falle einer privatrechtlichen Ausgestaltung des Nutzungsverhältnisses auch um eine privatrechtliche Streitigkeit, die vor den ordentlichen Gerichten ausgetragen werden muss.

Auch wenn für die öffentliche Einrichtung eine privatrechtliche Organisationsform gewählt wurde, handelt es sich bei der Entscheidung, ob dem Antragsteller der Zugang gewährt wird, um eine öffentlich-rechtliche Maßnahme und damit um eine öffentlich-rechtliche Streitigkeit. Die Gemeinde darf sich *durch die Wahl der privatrechtlichen Rechtsform nicht einer eventuellen Verpflichtung zur Zulassung entziehen.* Allerdings kann hier das Gericht die Stadt (die ja nicht mehr selbst die Einrichtung betreibt) nicht mehr zur Gewährung des Zugangs verpflichten. Die Stadt wird aber dazu verpflichtet, dem Kläger den Zugang zu verschaffen.

Bsp.: Die Turnhalle wird von einer GmbH betrieben. Stellt das Gericht fest, dass ein Anspruch auf Zugang zu der öffentlichen Einrichtung besteht, muss die Stadt dem Berechtigten die Leistung durch die GmbH verschaffen, was aufgrund ihrer Gesellschafterstellung auch möglich ist.

Hinweis

Bei der Problematik des Zugangs zu einer öffentlichen Einrichtung ist oft fraglich, ob es sich bei der Einrichtung überhaupt um eine öffentliche Einrichtung handelt. Diese Frage kann aber im Rahmen der Prüfung des Verwaltungsrechtsweges noch offen gelassen werden. Stellt sich bei der Begründetheitsprüfung heraus, dass es sich gar nicht um eine öffentliche Einrichtung handelt, besteht der begehrte Anspruch nicht. Das ändert aber nichts daran, dass es sich um eine öffentlich-rechtliche Streitigkeit handelt und deshalb der Verwaltungsrechtsweg eröffnet ist.

Das Gleiche gilt für **Subventionsfälle**. Auch hier kann die Ausgestaltung privatrechtlich geregelt werden, z. B. durch den Abschluss eines günstigen Kreditvertrages. Die Frage, **"ob"** eine Subvention gewährt werden muss, ist aber immer eine öffentlich-rechtliche Entscheidung, für die der Verwaltungsrechtsweg eröffnet ist.

Exkurs   **Subventionen**

Unter **Subventionen** versteht man

- **vermögenswerte Zuwendungen des Staates**
- **oder eines anderen Verwaltungsträgers**
- **an Privatpersonen**
- **zur Förderung eines im öffentlichen Interesse liegenden Zwecks.**

Als Zuwendungen kommen in Betracht:

- nicht zurückzuzahlende Geldleistungen
- Darlehen, die unter günstigeren Voraussetzungen gewährt werden
- Sicherungen für Darlehen wie z. B. Bürgschaften und
- Realförderungen, d. h. bevorzugte Berücksichtigung bei der Vergabe öffentlicher Aufträge

3) Streitigkeit nichtverfassungsrechtlicher Art

Da neben den Verwaltungsgerichten auch die Verfassungsgerichte über öffentlich-rechtliche Streitigkeiten zu entscheiden haben, ist weitere Voraussetzung für die Eröffnung des Verwaltungsrechtsweges nach § 40 I VwGO, dass die Streitigkeit nichtverfassungsrechtlicher Art ist. Für verfassungsrechtliche Streitigkeiten ist der Rechtsweg zu den Verfassungsgerichten eröffnet (soweit es für sie eine ausdrückliche Rechtswegzuweisung gibt, vgl. § 13 BVerfGG).

> **Eine Streitigkeit ist verfassungsrechtlicher Art, wenn zwei Verfassungsorgane, bzw. unmittelbar am Verfassungsleben beteiligte Rechtsträger über Rechte und Pflichten streiten, die unmittelbar in der Verfassung geregelt sind.**

Eine Streitigkeit nichtverfassungsrechtlicher Art liegt folglich immer dann vor, wenn es an dieser **doppelten Verfassungsunmittelbarkeit** fehlt.

> *Bsp.:* *Klagt ein Bürger wegen der Verletzung seiner Grundrechte durch ein Verfassungsorgan, handelt es sich um eine Streitigkeit nichtverfassungsrechtlicher Art, da bei einer verfassungsrechtlichen Streitigkeit auf beiden Seiten Verfassungsorgane stehen müssen.*

Hinweis

Es genügt also gerade nicht, dass die Verletzung von Grundrechten gerügt wird, um eine verfassungsrechtliche Streitigkeit anzunehmen. Die Verfassungsbeschwerde gegen Grundrechtsverletzungen (vgl. Art. 93 I Nr. 4a GG) ist ja auch gerade erst nach der Erschöpfung des (Verwaltungs-) Rechtsweges zulässig, vgl. § 90 II S.1 BVerfGG. Auch genügt es für das Vorliegen einer verfassungsrechtlichen Streitigkeit nicht, wenn nur auf einer Seite ein Verfassungsorgan oder ein unmittelbar am Verfassungsleben beteiligter Rechtsträger steht.

Klausur-hinweis

In der **Klausur** genügt an dieser Stelle regelmäßig die Feststellung, dass es sich mangels doppelter Verfassungsunmittelbarkeit um eine Streitigkeit nichtverfassungsrechtlicher Art handelt.

4) keine abdrängende Sonderzuweisung

Nach § 40 I S.1 2. HS und S.2 VwGO ist der Verwaltungsrechtsweg nur dann eröffnet, wenn die Streitigkeit **nicht einem anderen Gericht ausdrücklich zugewiesen ist.**

Im Gegensatz zu den aufdrängenden Sonderzuweisungen (die regeln, wann der Verwaltungsrechtsweg unabhängig von den Voraussetzungen des § 40 I VwGO eröffnet ist) regeln die abdrängenden Sonderzuweisungen, wann der Verwaltungsrechtsweg *trotz Vorliegens einer öffentlich-rechtlichen Streitigkeit nichtverfassungsrechtlicher Art ausnahmsweise nicht eröffnet ist.*

Wichtige abdrängende Sonderzuweisungen zu den Zivil- und Strafgerichten sind z.B. zu finden in: § 40 II S.1 VwGO, Art. 14 III S.4 GG, Art. 34 S. 3 GG, § 49 VI S.3 VwVfG, §§ 157ff BauGB, § 68 OWiG, § 23 EGGVG.

Daneben gibt es auch noch eine Reihe von Zuweisungen an besondere Verwaltungsgerichte (z. B. § 51 SGG an die Sozialgerichte, § 33 FGO an die Finanzgerichte).

Beachten Sie:

> Die abdrängenden Sonderzuweisungen zu den Zivil- und Strafgerichten sollten bekannt sein. Diejenigen zu den besonderen Verwaltungsgerichten ergeben sich aus speziellen Verwaltungsgesetzen (z.B. Sozialgesetzbuch, Finanzgerichtsordnung, Bundesbeamtengesetz, ...).

Klausurhinweis

> Bei Klausurfällen, die im besonderen Verwaltungsrecht liegen, (bei denen sich die Ermächtigungs- oder Anspruchsgrundlage aus Spezialgesetzen ergeben) sollten diese speziellen Verwaltungsgesetze und ihre Gerichtsordnungen deshalb nach eventuellen Sonderzuweisungen durchforscht werden!

Der Grund für abdrängende Sonderzuweisungen liegt in der Regel darin, dass in den speziellen Fällen die zugewiesenen Gerichte über eine größere Sachkompetenz verfügen.

Die Sonderzuweisung des § 23 EGGVG

Die Sonderzuweisung des § 23 EGGVG ist immer dann besonders klausurrelevant, wenn die Polizei gehandelt hat. Die Polizei kann nämlich sowohl zur Gefahrenabwehr (präventiv) als auch zum Zwecke der Strafverfolgung (repressiv) tätig werden. Wird die Polizei zum Zwecke der Strafverfolgung (vgl. § 163 StPO) tätig, handelt sie auf dem Gebiet der Strafrechtspflege. Sie wird dann als Justizbehörde tätig, so dass gemäß § 23 EGGVG der Rechtsweg zu den ordentlichen Gerichten eröffnet ist. Wird die Polizei dagegen zur Gefahrenabwehr tätig, insbesondere aufgrund des PolG und des VersG, handelt sie weder auf dem Gebiet der Strafrechtspflege, noch als Justizbehörde. § 23 EGGVG ist nicht einschlägig, es bleibt beim Verwaltungsrechtsweg nach § 40 I VwGO. Handelt die Polizei sowohl zu repressiven als auch zu präventiven Zwecken, ist auf den Schwerpunkt der polizeilichen Tätigkeit nach ihrer objektiven Zweckrichtung abzustellen.

Klausur-hinweis

Die Frage nach dem einschlägigen Rechtsweg sollte in der Klausur nicht unnötig problematisiert werden. Liegt eindeutig die Eröffnung des Verwaltungsrechtsweges vor, z.B. im Falle einer Eingriffsmaßnahme durch den Polizeivollzugsdienst, können Sie die Frage des Rechtsweges u. U. schon mit einem Satz klären.

Fall 1:

Der Betreiber einer Gaststätte B erhält vom Gewerbeamt der Stadt S einen Bescheid, wonach ihm zur Auflage gemacht wird, nach 23 Uhr keine Veranstaltungen mit Musikdarbietungen mehr durchzuführen, weil durch den Musiklärm die Nachtruhe der Anwohner gestört werde.

B will gegen diesen Bescheid Klage erheben. Welcher Rechtsweg steht ihm hierfür offen?

Lösungsvorschlag:

Es könnte der Verwaltungsrechtsweg nach § 40 I VwGO eröffnet sein. Dann müsste es sich um eine öffentlich-rechtliche Streitigkeit nichtverfassungsrechtlicher Art handeln. Die Rechtsnatur der Streitigkeit richtet sich nach der Rechtsnatur der abzuwehrenden Maßnahme.

1. B will sich hier gegen den Bescheid des Ordnungsamtes wehren, der ihm Veranstaltungen mit Musikdarbietungen nach 23 Uhr verbietet. Streitgegenstand ist damit der Bescheid des Ordnungsamtes.

2. Die Rechtsnatur des Bescheids richtet sich nach seiner Rechtsgrundlage. Als Rechtsgrundlage für eine Auflage, durch die B ein bestimmtes Verhalten beim Führen seiner Gaststätte untersagt wird, kommt nur eine Vorschrift des Gewerbe- oder Ordnungsrechts in Frage. In Betracht kommt hier § 5 I Nr. 3 GastG, wonach dem Inhaber einer Gaststättenerlaubnis Auflagen zum Schutze der Nachbarn gegen schädliche Umwelteinwirkungen gemacht werden können. Die Streitigkeit beurteilt sich nach dieser Rechtsnorm.

3. Diese Vorschrift berechtigt einseitig die Verwaltung und damit einen Träger der öffentlichen Gewalt zur Erteilung von Auflagen. Die streitentscheidende Norm ist damit eine öffentlich-rechtliche Norm. § 5 I Nr. 3 GastG als streitentscheidende Norm ist dem öffentlichen Recht zuzuordnen, so dass eine öffentlich-rechtliche Streitigkeit vorliegt.

Da es hier an der doppelten Verfassungsunmittelbarkeit fehlt (weder streiten sich zwei Verfassungsorgane, noch wird über Rechte oder Pflichten gestritten, die sich unmittelbar aus der Verfassung ergeben), handelt es sich um eine Streitigkeit nichtverfassungsrechtlicher Art.

Auch eine abdrängende Sonderzuweisung ist nicht ersichtlich.

Folglich ist der Verwaltungsrechtsweg gemäß § 40 I VwGO eröffnet.

Fall 2:

Die Stadt S betreibt in Eigenregie ein städtisches Hallenbad. Die Satzung regelt unter anderem, dass kinderreiche Familien für das dritte Kind keine Nutzungsgebühr bezahlen müssen.

Die Familie F hat vier Kinder und fühlt sich als kinderreiche Familie benachteiligt, weil zwar für das dritte Kind keine Gebühr bezahlt werden muss, wohl aber für das vierte Kind. F möchte dagegen gerichtlich vorgehen. Welcher Rechtsweg ist hier einschlägig?

Lösungsvorschlag

Es könnte der Verwaltungsrechtsweg nach § 40 I VwGO einschlägig sein. Dann müßte es sich um eine öffentlich-rechtliche Streitigkeit handeln.

Das Hallenbad wird von der Stadt im Rahmen seiner Aufgabe zur Danseinsfürsorge in Eigenregie betrieben. Folglich handelt es sich bei dem Hallenbad um eine öffentliche Einrichtung der Stadt S. Unabhängig von der Organisationsform handelt es sich gemäß der Zwei-Stufen-Theorie jedenfalls dann um eine öffentlich-rechtliche Streitigkeit, wenn es um die Frage geht, "ob" ein Anspruch auf Nutzung der öffentlichen Einrichtung besteht oder nicht.

Im vorliegenden Fall geht es aber nicht um die Frage, "ob" das vierte Kind die öffentliche Einrichtung nutzen darf oder nicht, sondern ob für das Kind eine Nutzungsgebühr entrichtet werden muss. Die Streitigkeit befindet sich damit nicht auf der ersten, sondern der zweiten Stufe, nämlich die Frage, unter welchen Bedingungen die Leistung gewährt wird.

Entscheidend ist deshalb die Frage, ob das Nutzungsverhältnis hier öffentlich-rechtlich oder privatrechtlich ausgestaltet ist.

Die Verwaltung hat im Rahmen der Leistungsverwaltung und insbesondere bei Aufgaben der Daseinsfürsorge (zu denen der Betrieb eines Hallenbades gehört) grundsätzlich auch die Möglichkeit, privatrechtlich zu handeln. Die Wahlfreiheit bezieht sich dabei sowohl auf die Organisationsform der Einrichtung als auch auf die Ausgestaltung des Leistungs- oder Benutzungsverhältnisses.

Würde die öffentliche Einrichtung in privatrechtlicher Form betrieben, wie z.B. durch eine GmbH, dann wäre auch das Nutzungsverhältnis privatrechtlich ausgestaltet und es würde sich um eine privatrechtliche Streitigkeit handeln.

Hier betreibt die Stadt das Hallenbad aber in Eigenregie, somit in öffentlich-rechtlicher Organisationsform.

Dann steht der Verwaltung bzgl. der Ausgestaltung des Nutzungsverhältnisses grundsätzlich ein Wahlrecht zu. Ob das Nutzungsverhältnis privatrechtlich oder öffentlich-rechtlich ausgestaltet ist, ergibt sich aus den Umständen. Hier zeigt die Regelung des Nutzungsverhältnisses durch Satzung und die Bezeichnung des zu entrichtenden "Eintritts" als Gebühr, dass die Stadt das Nutzungsverhältnis hier öffentlich-rechtlich ausgestaltet hat.

Damit handelt es sich um eine öffentlich-rechtliche Streitigkeit.

Diese ist nichtverfassungsrechtlicher Art, eine Sonderzuweisung ist nicht ersichtlich, so dass gemäß § 40 I VwGO der Verwaltungsrechtsweg einschlägig ist.

Die Frage, ob eine öffentlich-rechtliche Streitigkeit vorliegt, kann auch auf anderem Weg geklärt werden:

Eine öffentlich-rechtliche Streitigkeit liegt nämlich immer dann vor, wenn die streitentscheidenden Normen dem öffentlichen Recht zuzuordnen sind. Hier wendet sich F gegen die Zahlungsverpflichtung für ihr viertes Kind (Streitgegenstand).

Als streitentscheidende Norm kommen hier sowohl öffentlich-rechtliche als auch privatrechtliche Normen in Betracht. Um eine privatrechtliche Streitigkeit handelt es sich dann, wenn sich die Streitigkeit nach den Vorschriften des BGB (und damit nach privatrechtlichen Normen) beurteilt. Das ist dann der Fall, wenn sich die Zahlungsverpflichtung aus einem zwischen der Einrichtung und dem Kind, bzw. F geschlossenen privaten Nutzungsvertrag ergibt.

Im vorliegenden Fall ergibt sich die Zahlungspflicht aber aus einem durch die Satzung geregelten öffentlich-rechtlichen Nutzungsverhältnis zwischen der Stadt und den Nutzern. Das Nutzungsverhältnis wird dabei einseitig hoheitlich durch die Satzung geregelt, so dass es sich bei den Regelungen der Satzung gemäß der Subordinationstheorie um öffentlich-rechtliche Normen handelt. Damit handelt es sich um eine öffentlich-rechtliche Streitigkeit.

Wiederholungsfragen zum 2. Kapitel

1. Nenne die Generalklausel für die Eröffnung des Verwaltungsrechtsweges?

§ 40 I VwGO

2. Welche Voraussetzungen müssen vorliegen, damit der Verwaltungsrechtsweg nach der Generalklausel eröffnet ist?

Es muss sich um eine öffentlich-rechtliche Streitigkeit nichtverfassungs-rechtlicher Art handeln und es darf keine abdrängende Sonderzuweisung einschlägig sein.

3. Nenne die wichtigste aufdrängende Sonderzuweisung und wann greift sie ein?

Bei allen Klagen von Beamten aus dem Beamtenverhältnis ist der Verwaltungsrechtsweg nach § 126 BRRG eröffnet und nicht nach § 40 I VwGO.

4. Was ist das Gegenteil einer öffentlich-rechtlichen Streitigkeit

eine privatrechtliche Streitigkeit

5. Wann liegt eine öffentlich-rechtliche Streitigkeit vor?

Wenn die streitentscheidenden Normen dem öffentlichen Recht zuzuordnen sind bzw. wenn es um die Abwehr oder die Vornahme einer öffentlich-rechtlichen Maßnahme geht.

6. Nenne die wichtigste Theorie zur Qualifikation einer Norm als öffentlich-rechtlich oder privatrechtlich? Worauf stellt sie ab?

Die modifizierte Subjektstheorie. Nach ihr sind diejenigen Vorschriften öffentlich-rechtlich, die zumindest auf der einen Seite ausschließlich einen Träger der öffentlichen Gewalt berechtigen oder verpflichten.

7. Worauf ist abzustellen, wenn keine streitentscheidenden Normen gefunden werden oder sowohl öffentlichrechtliche als auch privatrechtliche Normen in Betracht kommen?

Auf den Sachzusammenhang.

8. Wann spricht man von einer doppelten Verfassungsunmittelbarkeit?

Wenn sich zwei Verfassungsorgane über Rechte und Pflichten streiten, die sich unmittelbar aus der Verfassung ergeben.

9. Nenne die wichtigsten abdrängenden Sonderzuweisungen

§ 40 II S.1 VwGO, Art. 14 III S.4 GG, Art. 34 S. 3 GG, § 49 VI S.3 VwVfG, § 68 OWiG, § 23 EGGVG

3. Kapitel

Die Anfechtungsklage

I. Die Zulässigkeitsvoraussetzungen der Anfechtungsklage

1) Die Klageart

Nachdem die Eröffnung des Verwaltungsrechtsweges festgestellt wurde, ist im Rahmen der Zulässigkeitsprüfung zu klären, welche Klageart statthaft ist.

> **Die Anfechtungsklage nach § 42 I 1.Alt VwGO ist statthafte Klageart, wenn der Kläger die gerichtliche Aufhebung eines ihn belastenden Verwaltungsaktes (VA) begehrt, der sich noch nicht erledigt hat.**

Es ist also zunächst zu prüfen, ob es sich bei der Maßnahme, gegen die sich die Klage richtet, um einen VA handelt. Sodann ist zu klären, ob sich der VA noch nicht erledigt hat (ob der Kläger durch den VA belastet wird oder nicht, ist später innerhalb der Prüfung der Klagebefugnis zu klären).

a) Das Vorliegen eines Verwaltungsaktes (VA)

aa) Die VA-Merkmale

> **Ein VA ist nach § 35 S. 1 VwVfG die hoheitliche Maßnahme einer Behörde auf dem Gebiet des öffentlichen Rechts zur rechtsfolgenbegründenden Regelung eines Einzelfalles mit Außenwirkung.**

Der Erlass eines VA *ist eine von vielen* Handlungsmöglichkeiten der öffentlichen Verwaltung. Anhand der in § 35 VwVfG definierten VA-Merkmale kann der VA von den anderen Handlungsformen abgegrenzt werden.

Dabei umfasst das Merkmal "Maßnahme" die "Verfügung" und "Entscheidung", und eine "Regelung" ist eine Maßnahme, die auf "Rechtswirkung ... gerichtet ist".

Folglich ergeben sich aus der Legaldefinition des § 35 VwVfG folgende VA-Merkmale:

Die VA-Merkmale

1. hoheitliche Maßnahme
2. einer Behörde
3. auf dem Gebiet des öffentlichen Rechts
4. zur Regelung
5. mit Außenwirkung
6. eines Einzelfalles

Überblick
über die Arten des Verwaltungshandelns

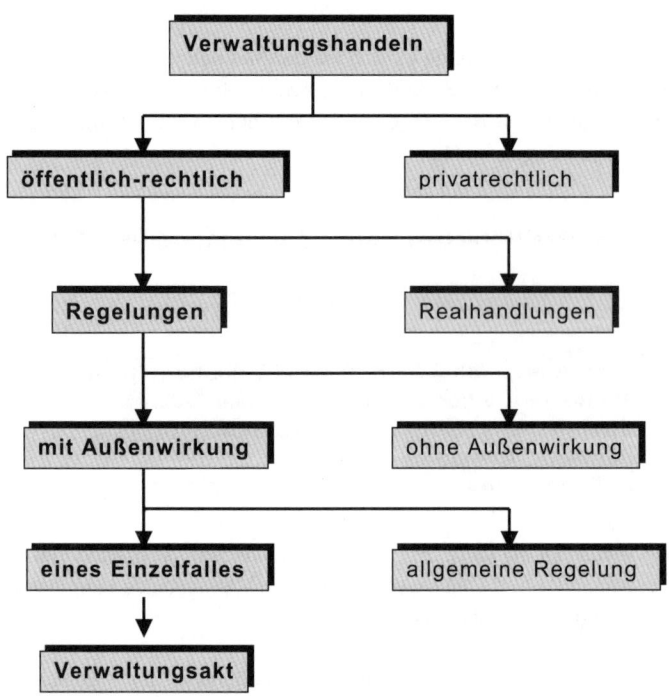

Die sonstigen Handlungsformen der Verwaltung

Neben dem Erlass eines VA stehen der Verwaltung noch eine Reihe von anderen Handlungsformen zur Verfügung. So hat sie die Möglichkeit, **privatrechtliche Verträge** zu schließen (fiskalische Hilfsgeschäfte, erwerbswirtschaftliche Betätigung und Tätigkeiten im Rahmen des Verwaltungsprivatrechts).

Sie kann weiter durch sog. **Realakte** (schlichtes, faktisches Verwaltungshandeln) handeln. Darunter versteht man all diejenigen Verwaltungsmaßnahmen, die *nicht auf einen rechtlichen, sondern auf einen tatsächlichen Erfolg gerichtet sind.* Dabei unterscheidet man zwischen Wissenserklärungen (z. B. Auskünfte, Warnungen, Berichte, ...) und tatsächliche Verrichtungen (z. B. Auszahlung eines Geldbetrages, Dienstfahrten, Reinigung einer Straße, ...)

Sodann kommen als Handlungen ohne Außenwirkung **verwaltungsinterne Maßnahmen** und der Erlass von **Verwaltungsvorschriften** in Betracht.

Auch hat die Verwaltung die Möglichkeit, allgemeinverbindliche Rechtsnormen, insbesondere **Satzungen** und **Rechtsverordnungen** zu erlassen.

Daneben besteht noch die Möglichkeit, **öffentlich-rechtliche Verträge** abzuschließen.

Die VA-Merkmale im einzelnen

hoheitliche Maßnahme

Unter einer **Maßnahme** versteht man jedes *zweckgerichtete Verwaltungshandeln.* Dazu gehört neben schriftlichen oder mündlichen Erklärungen insbesondere auch jedes sonstige, zweckgerichtete Verhalten wie z.B. Handzeichen oder auch das Handeln durch automatische Einrichtungen.

Bsp.: Handzeichen eines Polizisten, Rückzahlung überzahlter Lohnsteuer, Verkehrsampel,...

Hoheitlich ist eine *einseitige Maßnahme,* die im Rahmen eines (zumindest behaupteten) *Über-Unterordnungsverhältnisses* erlassen wird. Dieses VA-Merkmal dient zur *Abgrenzung gegenüber öffentlich-rechtlichen Verträgen* nach §§ 54 ff VwVfG.

Behörde ist nach § 1 IV BVwVfG,

jede Stelle, die Aufgaben der öffentlichen Verwaltung wahrnimmt.

Das VA-Merkmal, wonach die Maßnahme von einer Behörde erlassen werden muss, dient der *Abgrenzung zu Maßnahmen der gesetzgebenden und der rechtsprechenden Gewalt,* sowie zu Maßnahmen, die überhaupt nicht einem Träger hoheitlicher Gewalt zuzurechnen sind, sondern z.b. Privatpersonen.

Exkurs | **Die Behörde als Organ einer juristischen Person**

Juristische Personen können im Gegensatz zu natürlichen Personen nicht durch sich selbst handeln, sondern benötigen "Organe", in denen letzten Endes natürliche Personen für sie tätig werden (z. B. Geschäftsführer bei der GmbH, Vorstand bei der AG).Die Organe, deren sich eine juristische Person des Öffentlichen Rechts (Bund, Land, Gemeinde) bedienen muss, *um nach außen tätig zu werden,* nennt man "Behörden". Behörde ist also ein Organ des Staates oder eines unterstaatlichen Verwaltungsträgers, das mit der Zuständigkeit zur Erfüllung von Verwaltungsaufgaben gegenüber dem Bürger ausgestattet ist. Beispiele für Behörden(bezeichnungen) sind das Bundesverwaltungsamt, Bundeskriminalamt, Landratsamt, aber auch der Innenminister, der Polizeipräsident oder der Bürgermeister.

Zu den Behörden gehören auch die sog. Beliehenen. Unter **Beliehenen** versteht man Privatpersonen oder juristische Personen des Privatrechts, *die mit bestimmten einzelnen hoheitlichen Kompetenzen ausgestattet sind, die sie selbständig in eigenem Namen ausüben.*

Bsp.: Das Recht staatlich anerkannter Privatschulen, staatlich anerkannte Prüfungen abzuhalten und Zeugnisse erteilen zu dürfen; der Bezirksschornsteinfeger u. a. hinsichtlich der Überprüfung von Schornsteinen; die Sachverständigen des TÜV.

---

auf dem Gebiet des Öffentlichen Rechts

Auf dem Gebiet des Öffentlichen Rechts ist eine Maßnahme dann, wenn ihre mögliche Rechtsgrundlage eine Vorschrift des öffentlichen Rechts ist oder wenn die Behörde eindeutig von ihr allgemein zustehenden hoheitlichen Befugnissen Gebrauch macht. Dieses Merkmal dient der *Abgrenzung einer öffentlich-rechtlichen Maßnahme gegenüber der Möglichkeit der Verwaltung, privatrechtlich handeln zu können.*

Da der Verwaltungsrechtsweg nur bei öffentlich-rechtlichen Streitigkeiten eröffnet ist, ist die Frage, ob es sich bei der angegriffenen Maßnahme (als Streitgegenstand) um eine hoheitliche Maßnahme auf dem Gebiet des Öffentlichen Rechts handelt in der **Klausur** i.d.R. schon bei der Frage des Rechtsweges zu klären. Liegt keine Maßnahme auf dem Gebiet des Öffentlichen Rechts vor, weil die Verwaltung privatrechtlich tätig wurde, ist schon der Verwaltungsrechtsweg nach § 40 I VwGO nicht eröffnet (vgl. 2. Kapitel).

zur Regelung

Das Begriffsmerkmal der **Regelung** verleiht dem VA die Eigenschaft eines Rechtsaktes. Eine Regelung ist eine Maßnahme, die nach ihrem Erklärungsgehalt *auf die Herbeiführung einer unmittelbaren Rechtsfolge gerichtet ist.* Die Maßnahme muss also
- eine Rechtsfolge herbeiführen und
- auf die Herbeiführung dieser Rechtsfolge gerichtet sein.

Auf **unmittelbare Rechtsfolge gerichtet** bedeutet, dass die Maßnahme *rechtliche Folgen* hat. Man unterscheidet im Wesentlichen sieben Arten von Rechtsfolgen und damit sieben Arten der Regelung:

- ein **Verbot** liegt vor, wenn vom Adressaten der Maßnahme ein Unterlassen verlangt wird (z. B. ein Versammlungsverbot)

- ein **Gebot** liegt vor, wenn vom Adressaten ein positives Tun (handeln) verlangt wird (z. B. Zahlungsaufforderung durch Abgabenbescheid)

- eine **Rechtsgewährung** liegt vor, wenn eine Erlaubnis (Genehmigung) oder sonstige Rechtsstellung oder ein Recht auf eine Leistung eingeräumt wird (z. B. Ausschankgenehmigung)

- die **Versagung** (Ablehnung) einer beantragten Rechtsgewährung enthält die Entscheidung, dass dem Antragsteller das beanspruchte Recht nicht zusteht.

- auch eine **Rechtsgestaltung** durch Umgestaltung eines Rechtsverhältnisses, wie sie insbesondere durch Rücknahme oder Widerruf einer Erlaubnis erfolgt (z.B. Widerruf einer Ausschankgenehmigung) ist eine Regelung.

- auch eine sich bereits aus dem Gesetz ergebende Rechtsfolge kann durch VA zusätzlich festgestellt werden (**Feststellung**).

- eine **dingliche Regelung** liegt vor, wenn die öffentlich-rechtliche Eigenschaft einer Sache geregelt wird (z. B. durch Widmung einer öffentlichen Einrichtung) oder wenn ihre Benutzung durch die Allgemeinheit geregelt wird (z. B. durch Verkehrszeichen).

Ob eine Rechtsfolge herbeigeführt wird, ergibt sich aus dem Vergleich zwischen der vorher und nachher geltenden Rechtslage.

Hinweis

Dabei ist es unerheblich, ob sich die Rechtslage bereits aus dem Gesetz ergibt, es ist nicht notwendig, dass die Maßnahme eine über das Gesetz hinausgehende oder abweichende Rechtsfolge herbeiführt. Es ist gerade die Aufgabe eines VA, das Gesetz anzuwenden und zu vollziehen!

Bsp.: Ein Einkommensteuerbescheid setzt die sich aus dem Einkommensteuergesetz ergebende Steuerschuld fest und gebietet ihre Zahlung.

An einer Regelung fehlt es aber dann, wenn die Behörde lediglich auf die gesetzliche Rechtslage hinweist oder diese nur wiedergibt.

Das Merkmal der Regelung dient insbesondere zur *Abgrenzung eines VA gegenüber Realakten, sog. schlichtes (tatsächliches oder faktisches) Verwaltungshandeln.* Darunter versteht man Maßnahmen, die nicht auf einen rechtlichen Erfolg (nämlich die Setzung einer Rechtsfolge), sondern auf einen *tatsächlichen Erfolg* gerichtet sind.

Bsp.: Wissenserklärungen wie behördliche Warnungen, Auskünfte, Pressemitteilungen oder Hinweise auf die Rechtslage und tatsächliche Verrichtungen wie Dienstfahrten, Durchsuchungen von Personen oder Sachen oder die Straßenreinigung sind lediglich Realakte, die nicht auf eine Rechtsfolge gerichtet sind.

Zwar können auch die tatsächlichen Verrichtungen und Erklärungen (also Realakte) mittelbar Rechtswirkungen entfalten, diese sind von der Behörde aber *nicht bezweckt*, sondern stellen eine sog. *"faktische" Beeinträchtigung* dar.

Bsp.: Der Betrieb einer Kläranlage kann zu Geruchsbelästigungen der Anwohner führen und ihre Gesundheit gefährden. Durch einen Unfall während einer Dienstfahrt kann jemand verletzt werden.

Hinweis

Bei der Frage, ob eine Regelung vorliegt oder nicht, hilft auch die Überlegung, dass das Merkmal der Regelung für VA und Rechtsnorm gleich ist. Eine Regelung liegt also vor, wenn die Maßnahme theoretisch auch durch ein Einzelfallgesetz ergehen könnte. Ein Gesetz mit dem Inhalt, dass eine Presseerklärung eine Person beleidigt oder dass eine Kläranlage die Gesundheit der Anwohner gefährdet, ist nicht denkbar.

Zu beachten ist, dass VA auch *schlüssig* ergehen können (§37 II 1 VwVfG) und faktisches Verwaltungshandeln oft den **konkludenten Erlass eines VA** beinhaltet (insbesondere bei Maßnahmen der Polizei oder der Vollstreckungsbehörden). Voraussetzung ist, dass mit dem faktischen Vorgang gleichzeitig eine Entscheidung über dessen Zulässigkeit getroffen wird. Es muss dabei aus der Maßnahme selbst klar werden, dass sie einen Erklärungswert hat.

> **Bsp.:** *Eine Personendurchsuchung beinhaltet eine konkludente Duldungsverfügung (Verpflichtung, die Durchsuchung zu dulden). Will der Betroffene gegen die Durchsuchung vorgehen, muss er die (sofort vollzogene) Duldungsverfügung anfechten. Da sich der VA hier durch Vollzug erledigt hat, kommt hier nur eine Fortsetzungsfeststellungsklage in Betracht. Das Gericht prüft dann die Rechtmäßigkeit der Durchsuchung, da deren Rechtmäßigkeit eine Voraussetzung für die Rechtmäßigkeit der Duldungsverfügung ist.*

Wichtig ist auch die Abgrenzung zu sog. vorbereitenden Maßnahmen und Verfahrenshandlungen.

Eine **vorbereitende Maßnahme** unterscheidet sich von einem VA gerade dadurch, dass sie keine Regelung beinhaltet, also gerade keine Rechtsfolge setzen soll.

> **Bsp.:** *Die Aufforderung der Straßenverkehrsbehörde an den Inhaber einer Fahrerlaubnis, ein medizinisch-psychologisches Gutachten einzuholen hat keinen Regelungsgehalt. Der Fahrerlaubnisinhaber wird gerade nicht verpflichtet, das Ergebnis einer med.-psych. Untersuchung beizubringen.*
>
> *Die Aufforderung ist vielmehr eine vorbereitende Maßnahme der Verwaltungsbehörde zur Klärung der Frage, ob dem Fahrzeugführer mangels Eignung zum Führen eines Kfz die Fahrerlaubnis entzogen werden muss oder nicht. Kommt der Betroffene der Aufforderung nicht nach, kann diese nicht etwa vollstreckt werden, sondern dient als Beweiszeichen für die Ungeeignetheit.*
>
> *Die eigentliche Maßnahme (zu deren "Vorbereitung" die Aufforderung dient) und damit VA ist hier der Entzug der Fahrerlaubnis. Dieser VA kann gerichtlich angefochten werden. War die Aufforderung zur Beibringung eines medizinisch-psychologischen Gutachtens rechtswidrig (z. B. weil die Voraussetzungen der EG nicht vorlagen), so ist auch die aufgrund der Nichtbeibringung erfolgte Fahrerlaubnisentziehung rechtswidrig.*

Verfahrenshandlungen sind nach § 44a VwGO sogar ausdrücklich nicht selbständig anfechtbar (es sei denn, dass sie vollstreckt werden können oder gegen Nichtbeteiligte ergehen).

> **Bsp.:** *Die Aufforderung der Universität, die Hochschulreife nachzuweisen, ist eine Verfahrenshandlung und beinhaltet keine Regelung.*

Bei vorbereitenden Maßnahmen und bei Verfahrenshandlungen fehlt es an der für einen VA erforderlichen abschließenden Regelung.

Dagegen reicht es für eine abschließende Regelung i. S. d. VA-Begriffes aus, wenn über eine Vor- oder Teilfrage endgültig entschieden wird.

Bsp.: Zusicherung, Vorbescheid, Teilgenehmigung

Schwierig kann auch die Abgrenzung zwischen **wiederholenden Maßnahmen** und **Zweitbescheiden** sein. Im ersteren Fall wird lediglich auf einen bereits erlassener VA verwiesen, so dass keine Regelung vorliegt; beim Zweitbescheid dagegen hat die Behörde einen bereits geregelten Fall erneut geprüft und damit erneut entschieden und "geregelt".

mit Außenwirkung

Eine Regelung hat **Außenwirkung**, wenn ihre Rechtsfolgen gegenüber *einer außerhalb der Verwaltung stehenden natürlichen oder juristischen Person eintreten.*

Dieses VA-Merkmal dient *der Abgrenzung zu verwaltungsinternen Maßnahmen* wie Verwaltungsvorschriften oder internen Weisungen.

Bsp.: Bei der Anordnung des Innenministers an eine Polizeibehörde, Beamte für die Überwachung einer Demonstration abzustellen, fehlt es an der Außenwirkung.

Zu Abgrenzungsschwierigkeiten kommt es bei **Maßnahmen im Beamtenverhältnis.** Verwaltungsinterne Maßnahmen richten sich an Amtsträger und damit an Beamte. Gegenüber Beamten können aber auch VA erlassen werden.

Außenwirkung hat die Maßnahme, wenn sie auf *die Regelung persönlicher Rechte und Pflichten* des Beamten gerichtet ist.

Bsp.: Ernennung und Entlassung, Versetzung, Festsetzung des Besoldungsdienstalters;

An einer Außenwirkung fehlt es bei Maßnahmen, die den Beamten *nur in seiner Rolle als Amtsträger betreffen.*

Bsp.: Weisungen, eine bestimmte Aufgabe zu erfüllen oder in bestimmter Weise zu entscheiden, Umsetzung innerhalb derselben Behörde;

Hinweis	Die Frage, ob es sich bei einer Maßnahme gegenüber einem Beamten um einen VA handelt oder nicht (also ob die Regelung Außenwirkung hat oder nicht) kann mit Hilfe folgender Überlegung beantwortet werden: Würde die ergangene Maßnahme auch gegenüber einer Vertretung (z. B. wegen längerer Krankheit) gelten, handelt es sich um keinen VA, sondern um eine dienstliche Weisung (z. B. Verpflichtung, einen bestimmten Bericht zu verfassen). Gilt sie dagegen nicht gegenüber der Vertretung, handelt es sich um einen VA (z. B. Beförderung).

Bei der Außenwirkung kommt es nicht auf die tatsächliche Wirkung, sondern auf die Zielrichtung der Maßnahme an.

Bei **Maßnahmen im Schulverhältnis** als sog. **Sonderstatusverhältnis** unterscheidet man zwischen Grund- und Betriebsverhältnis.

Eine Maßnahme ist VA, wenn sie das *Grundverhältnis* zwischen Schule und Schüler betrifft. Zum Grundverhältnis gehören die persönlichen Rechte und Pflichten des Schülers gegenüber der Schule.

> *Bsp.:* Aufnahme in die Schule und Entlassung, Versetzung und Nichtversetzung, Schulstrafen, Abschlußzeugnisse einschließlich der Gesamtnote, Einzelnoten nur dann, wenn sie versetzungsrelevant sind;

Nicht um einen VA handelt es sich dagegen bei Maßnahmen, die nur das *Betriebsverhältnis* betreffen.

> *Bsp.:* Beginn und Ende des Unterrichts, Anordnungen durch den Lehrer, die Tafel zu wischen, Stellung einzelner Aufgaben;

eines Einzelfalles

Bei der Maßnahme muss es sich um die Regelung eines **Einzelfalles** handeln. Da im Gegensatz hierzu die Regelungen einer Vielzahl von Fällen durch Rechtsnormen (von der Verwaltung erlassene Rechtsnormen sind Verordnungen und Satzungen) getroffen werden, dient das Merkmal der Einzelfallregelung zur *Abgrenzung gegenüber Rechtsnormen*.

Die Frage, ob es sich um eine Einzelfallregelung oder um eine Rechtsnorm handelt, hängt davon ab, ob

- die Regelung **konkret oder abstrakt** ist und ob
- die Regelung **individuell oder generell** ist.

Hinweis

➡

Ob es sich bei einer Maßnahme der Verwaltung um einen VA oder eine Rechtsnorm handelt, hat wichtige Konsequenzen:

Bei Rechtsnormen führt die rechtliche Fehlerhaftigkeit stets zur Nichtigkeit, VA sind dagegen (bis auf die Ausnahmen des § 44 VwVfG) lediglich rechtswidrig und anfechtbar, sie sind also wirksam.

Ein Verstoß gegen rechtswidrige Normen ist immer unbeachtlich (sie sind ja nichtig), rechtswidrige VA dagegen können (wenn sie rechtskräftig, also unanfechtbar geworden sind) durchgesetzt werden (durch Verwaltungszwang).

Bei einer **konkreten** Regelung wird nur *ein ganz konkreter einzelner Sachverhalt* geregelt, bei einer **abstrakten** Regelung wird *eine unbestimmte Vielzahl von Fällen* geregelt.

> *Bsp.: Der Bescheid, durch den der Hundebesitzer A zur Zahlung seiner Hundesteuer aufgefordert wird, beinhaltet die konkrete Verpflichtung, diesen Betrag zu bezahlen.*
>
> *Die Verordnung, die regelt, dass Hundebesitzer Dritte vor Gefahren durch ihre Hunde ausreichend schützen müssen, regelt eine Vielzahl denkbarer Fälle.*

Eine **individuelle** Regelung richtet sich an eine (zum Zeitpunkt des Erlasses bestehende) *bestimmte Zahl von Adressaten,*

eine **generelle** Regelung richtet sich an eine *unbestimmte Zahl von Adressaten* (die sich insbesondere noch verändern kann).

> *Bsp.: Der Bescheid, durch den der Hundebesitzer A zur Zahlung seiner Hundesteuer aufgefordert wird, verpflichtet ausschließlich den A zur Zahlung seiner Hundesteuer.*
>
> *Die Verordnung, die regelt, dass jeder Hundebesitzer jährlich 100 EUR Hundesteuer an die Gemeinde zahlen muss, richtet sich an eine unbestimmte Zahl von Adressaten, nämlich an alle Hundebesitzer.*

Es gibt folglich **vier verschiedene Möglichkeiten der Regelung:**

1. Die **konkret-individuelle Regelung** (mit Außenwirkung) ist immer ein VA.

> *Bsp.: Durch einen Bußgeldbescheid wird A verpflichtet, 30 EUR wegen Falschparkens zu bezahlen.*

2. Die **abstrakt-generelle Regelung** (mit Außenwirkung) ist immer eine Rechtsnorm.

> *Bsp.: Eine Verordnung regelt, dass Hundebesitzer Dritte vor Gefahren durch ihre Hunde ausreichend schützen müssen.*

Eine abstrakt-generelle Regelung regelt damit eine *"unbestimmte Anzahl von Fällen, die an eine unbestimmte Anzahl von Personen gerichtet ist".*

3. Die **abstrakt-individuelle Regelung**, die sich nur an einzelne Adressaten richtet, aber eine zum Zeitpunkt des Erlasses nicht vorhersehbare unbestimmte Vielzahl von Fällen regelt, stellt ebenfalls ein VA dar.

Bsp.: Behördliche Anordnung an einen Unternehmer, seine Produktion zu drosseln, sobald ein festgelegter Grenzwertes für Emissionen überschritten wird.

Hinweis

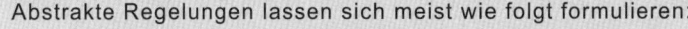

Abstrakte Regelungen lassen sich meist wie folgt formulieren:

"Jedes Mal, wenn....., dann...."

4. Die **konkret-generelle Regelung** stellt einen VA in der Form einer **Allgemeinverfügung** dar, § 35 S.2 VwVfG.

Die Sonderregelung des § 35 S.2 VwGO stellt ausdrücklich klar, dass auch die "an einen nach allgemeinen Merkmalen bestimmten oder bestimmbaren Personenkreis" gerichtete Maßnahmen VA sind.

Der Personenkreis ist bestimmt, wenn er der Behörde bei Erlass der Maßnahme bekannt ist. *"Nach allgemeinen Merkmalen bestimmbar"* ist der Personenkreis dann, wenn er der Behörde zwar bei Erlass der Maßnahme noch nicht bekannt ist, er aber in diesem Zeitpunkt bereits *objektiv feststeht* und die *Behörde die Möglichkeit hat, ihn festzustellen.*

Bsp.: Zur Durchsetzung eines Badeverbotes werden die Badenden aufgefordert, den See zu verlassen. Aufgrund von Ausschreitungen wird eine Demonstration aufgelöst.

Der Begriff der Allgemeinverfügung geht aber noch weiter. Nach dem BVerfG genügt es, wenn der Adressatenkreis im Zeitpunkt der Anordnung *"im Wesentlichen"* bestimmt oder bestimmbar ist."

Bsp.: Auch das Verbot einer in drei Tagen stattfindenden Demonstration, deren konkrete Teilnehmer zur Zeit des Verbots noch nicht feststehen, stellt eine Allgemeinverfügung dar. Ebenso Anordnungen der Polizei gegenüber einem sich ständig ändernden Personenkreis, z. B. an Kreuzungen, bei Unfällen, ...

Neben der **adressatenbezogenen Allgemeinverfügung** gibt es noch die **dingliche Allgemeinverfügung** gemäß § 35 S.2 2. Alt VwVfG. Hier werden, durch hoheitliche Anordnung, *einer konkreten Sache öffentlich-rechtliche Eigenschaften verliehen, entzogen oder geändert.*

Bsp.: Widmung oder Entwidmung einer Straße für den öffentlichen Verkehr (vgl. § 2 BFernStrG), Umbenennung einer Straße, Zuteilung einer Hausnummer, ...

Dritter Fall einer Allgemeinverfügung ist die **Benutzungsregelung**. Sie bezieht sich, wie der dingliche VA, auf eine konkrete Sache, betrifft aber nicht unmittelbar deren öffentlich-rechtliche Eigenschaft, *sondern regelt ihre Benutzung durch die Allgemeinheit.*

Wichtigstes Beispiel hierfür sind Verkehrsschilder, die eine Gebot oder ein Verbot enthalten.

Bsp.: *Geschwindigkeitsbeschränkung, abgelaufene Parkuhr, Beschränkungen für Straßenmusik in einer Fußgängerzone;*

bb) Sonstige Möglichkeiten zur Qualifikation einer Maßnahme als VA

Die Frage, ob es sich bei der Maßnahme gegen die sich die Klage richtet, um einen VA handelt oder nicht, kann auch mit Hilfe der actus-contrarius-Theorie oder anhand des äußeren Erscheinungsbildes beantwortet werden.

Nach der **actus-contrarius-Theorie** ist *eine Verwaltungsmaßnahme, die einen Verwaltungsakt aufhebt,* ebenfalls ein Verwaltungsakt. Eine oftmals nicht eindeutig einzuordnende Aufhebungsmaßnahme kann danach als VA qualifiziert werden, indem nicht die Aufhebungsmaßnahme selbst, sondern die aufgehobene Grundaßnahme gemäß § 35 VwVfG auf ihre VA-Qualität überprüft wird.

Für die Qualifikation einer Maßnahme als VA ist auch die **äußere Form** ausreichend. Entscheidend für die Qualifikation als VA ist der *objektiv erkennbare Wille der Behörde, wie er sich einem verständigen Empfänger nach Würdigung der Gesamtumstände darstellt.* Stellt sich das behördliche Handeln äußerlich eindeutig als VA dar (z. B. Bezeichnung der Maßnahme als Verfügung, Bescheid oder Genehmigung; Begründung mit Rechtsbehelfsbelehrung, usw.) ist die Anfechtungsklage die statthafte Klageart. Dem Betroffenen ist nicht zuzumuten, das Schreiben anhand des § 35 VwVfG darauf hin zu überprüfen, ob die Maßnahme die VA-Merkmale erfüllt oder nicht. Außerdem stehen auf der Seite der Verwaltung fachkundige Personen, von denen erwartet werden kann, dass sie sich deutlich ausdrücken.

Ist eine Maßnahme aufgrund solcher **formeller Gesichtspunkte** *eindeutig* als VA zu qualifizieren, geht dies der Qualifikation der Maßnahme nach **inhaltlichen Gesichtspunkten** (also durch Prüfung, ob die Maßnahme die VA-Merkmale des § 35 VwVfG erfüllt oder nicht) vor. Eine Maßnahme, bei der es sich nach formellen Gesichtspunkten eindeutig um einen VA handelt, ist damit begrifflich ein VA, und zwar auch dann, wenn die Maßnahme nicht die VA-Eigenschaften gemäß § 35 VwVfG aufweist. Allerdings kann sich die Verwaltung in einem solchen Falle *nicht zu ihren Gunsten* auf die VA-Qualität berufen.

Bsp.: Hat die Stadt die Benutzung ihrer öffentlichen Einrichtung privatrechtlich geregelt, muss sie auch das Nutzungsverhältnis privatrechtlich regeln. Fordert sie dennoch den Mietzins mit einem Leistungsbescheid in der Form eines VA, ist hiergegen die Anfechtungsklage statthaft. Andererseits kann sich die Verwaltung für den Fall, dass ein Bürger einen zu hoch berechneten Mietzins zurückfordert, nicht darauf berufen, der Leistungsbescheid sei wegen Ablauf der Widerspruchsfrist rechtskräftig und damit unanfechtbar.

Da die Behörde nicht berechtigt ist, privatrechtliche Ansprüche durch (öffentlich-rechtlichen) VA durchzusetzen oder in der Form des VA allgemeine Regelungen zu treffen, sind VA, bei denen es sich aus formellen Gründen um VA handelt (die also die Voraussetzungen des § 35 VwVfG nicht erfüllen), rechtswidrig.

Bsp.: Im obigen Bsp. ist damit eine Anfechtungsklage gegen den Leistungsbescheid zulässig und begründet. Aus § 35 VwVfG ergeben sich die Voraussetzungen, die vorliegen müssen, damit die Verwaltung einen VA erlassen darf. Hier handelt es sich aber um keine Regelung auf dem Gebiet des Öffentlichen Rechts, der VA ist damit rechtswidrig.

Klausur-hinweis
In der **Praxis** erfolgt die Beurteilung einer Maßnahme regelmäßig nach formellen Gesichtspunkten (also nach dem äußeren Erscheinungsbild).
In der **Klausur** dagegen ist das Erscheinungsbild meist nicht bekannt, der Sachverhalt äußert sich nur zum Inhalt der Maßnahme, so dass regelmäßig geprüft werden muss, ob die VA-Merkmale vorliegen, ob es sich also inhaltlich um einen VA handelt. Selbst wenn für die Prüfung des Vorliegens eines VA formelle und inhaltliche Argumente zur Verfügung stehen, gehen in der Klausur die inhaltlichen Argumente in der Regel vor.

Beachten Sie:
Die Frage, ob es sich bei der angegriffenen Maßnahme um einen VA handelt, wird in der **Klausur** oft überbewertet. Sind die VA-Merkmale des § 35 VwVfG eindeutig gegeben, kann dies u.U. in einem Satz festgestellt werden.

b) keine Erledigung des VA

Gem. § 43 II VwVfG liegt **Erledigung** dann vor, wenn der VA zurückgenommen, widerrufen, anderweitig aufgehoben oder sich durch Zeitablauf oder auf andere Weise erledigt hat. Erledigt hat sich ein VA also immer dann, wenn er *keine Rechtswirkungen mehr entfaltet.* Dagegen ergibt sich aus § 113 I S. 2 VwGO, dass der Vollzug grundsätzlich allein noch nicht zur Erledigung führt, vgl. hierzu auch VerwR 2, 2. Kapitel I.1a).

Die Anfechtungsklage ist *auf die Aufhebung des angegriffenen VA gerichtet* (vgl. § 113 I S.1 VwGO). Hat sich dieser aber schon erledigt, kann er nicht mehr aufgehoben werden, so dass die Anfechtungsklage nicht mehr statthaft ist.

Hinweis Es stellt sich die Frage, wann denn eine Erledigung "auf andere Weise" vorliegen soll. Man kann jedenfalls sagen, dass sich ein VA immer dann (auf andere Weise) erledigt hat, wenn eine gerichtliche Aufhebung (aus einem sonstigen Grund) unmöglich geworden ist oder ihren Sinn verloren hat.

Entscheidend für die Frage, ob sich der VA erledigt hat, ist *der Zeitpunkt der letzten mündlichen Verhandlung.* Denn auch wenn sich der VA nach Klageerhebung, aber vor der letzten mündlichen Verhandlung erledigt, kann er vom Gericht nicht mehr aufgehoben werden (hat sich der VA schon vor Klageerhebung erledigt, kommt sowieso nur eine Fortsetzungsfeststellungsklage in Betracht). In diesem Fall kommt es deshalb zu einer Klageumstellung, d.h. die ursprünglich statthafte Anfechtungsklage wird in eine Fortsetzungsfeststellungsklage nach § 113 I S. 4 VwGO umgewandelt, vgl. hierzu auch VerwR 2, 2. Kapitel I.1a).

c) Sonderfälle und Einzelprobleme

Bevor gegen einen VA Klage erhoben werden kann, muss regelmäßig zunächst Widerspruch gegen den VA eingereicht werden (vgl. 3. Kapitel I. 3)). **Gegenstand der Anfechtungsklage** ist nach § 79 I Nr.1 VwGO grundsätzlich *der ursprüngliche VA in der Gestalt, den er durch den Widerspruchsbescheid gefunden hat.* Es kommt also prinzipiell auf den Inhalt und die Begründung des Widerspruchsbescheides an, der u. U. den Ausgangsbescheid verändert hat.

> *Bsp.: Wird ein Leistungsbescheid in Höhe von 400 EUR im Widerspruchsbescheid insoweit aufgehoben, als er 200 EUR übersteigt, so kann sich die Anfechtungsklage nur noch gegen den verbleibenden Bescheid über 200 EUR richten.*

Ausnahmsweise ist Gegenstand der Anfechtungsklage ausschließlich der Widerspruchsbescheid, wenn es *nur um dessen Beschwer* geht. Das ist der Fall, wenn durch ihn ein Dritter erstmalig beschwert wurde (vgl. § 79 I Nr. 2 VwGO) oder wenn der Widerspruchsbescheid eine zusätzliche, selbständige Beschwer enthält und es dem Kläger nur um diese geht (vgl. § 79 II VwGO).

> *Bsp.: Eine erteilte Baugenehmigung wird aufgrund des Widerspruchs eines Nachbarn aufgehoben. Der Antragsteller kann nun gegen den Widerspruchsbescheid nach § 79 I Nr.2 VwGO Anfechtungsklage erheben. Ist er erfolgreich, wird der Widerspruchsbescheid aufgehoben, wodurch die ursprüngliche Genehmigung wieder auflebt.*

Geht es darum, dass eine vorhandene Genehmigung, Erlaubnis oder sonstige durch VA erlangte Begünstigung durch einen Aufhebungs-VA (Rücknahme nach § 48 VwVfG, Widerruf nach § 49 VwVfG oder spezielle Vorschriften) wieder genommen wird, ist es nicht notwendig, eine Verpflichtungsklage auf Neuerteilung der einmal innegehabten Vergünstigung zu erheben. Hier genügt vielmehr die Anfechtung des Aufhebungs-VA. Wird dieser VA nämlich bei erfolgreicher Klage aufgehoben, *lebt die ursprüngliche Vergünstigung wieder auf.*

> **Bsp.:** *Wird dem G seine nach § 2 GastG erteilte Erlaubnis zum Betrieb der Gaststätte nach § 15 II GastG widerrufen, muss G Anfechtungsklage gegen diesen Widerrufs-VA erheben und keine Verpflichtungsklage auf Erteilung einer neuen Erlaubnis.*

Bei der Ablehnung einer beantragten Begünstigung handelt es sich ebenfalls um einen VA. Trotzdem ist hier die Verpflichtungsklage die statthafte Klageart und nicht die Anfechtungsklage. Eine erfolgreiche Anfechtungsklage würde hier lediglich zur Aufhebung des Ablehnungs-VA führen und nicht zum Erlass des begünstigenden VA. Für eine Anfechtungsklage fehlt daher das erforderliche Rechtsschutzbedürfnis (vgl. 4. Kapitel).

> **Bsp.:** *Wird die von B beantragte Baugenehmigung von der zuständigen Behörde abgelehnt, ist die Verpflichtungsklage auf Erteilung der Baugenehmigung und nicht die Anfechtungsklage gegen den Ablehnungsbescheid statthafte Klageart.*

Fall 3:

Bisher unbekannte Veranstalter haben mit Plakaten und im Internet zu einer Demonstration am 10.05.2004 gegen ein Kernkraftwerk in L aufgerufen. Da nach Erkenntnissen der Polizei mit Ausschreitungen und erheblichen Gewalttätigkeiten zu rechnen ist, hat die zuständige Behörde die Demonstration am 3.04.2004 verboten. A, der an der Demonstration teilnehmen wollte, möchte sich gerichtlich gegen die Anordnung wehren. Wäre eine Anfechtungsklage statthaft?

Lösungsvorschlag

Voraussetzung für die Zulässigkeit einer Anfechtungsklage ist zunächst die **Eröffnung des Verwaltungsrechtsweges**. Nach § 40 I VwGO ist dieser eröffnet, wenn es sich um eine öffentlich-rechtliche Streitigkeit nichtverfassungs-rechtlicher Art handelt. Eine öffentlich-rechtliche Streitigkeit liegt vor, wenn die streitentscheidende Norm dem öffentlichen Recht zuzuordnen ist.

Streitgegenstand ist das Verbot der Demonstration.

Die Rechtmäßigkeit eines Demonstrationsverbotes beurteilt sich nach § 15 I VersG, der regelt, wann eine Versammlung unter freiem Himmel verboten werden kann. *Streitentscheidende Norm* ist damit § 15 I VersG.

§ 15 I VersG berechtigt und verpflichtet die öffentliche Verwaltung einseitig zu einer bestimmten Handlung (nämlich dem Verbot einer Versammlung), es handelt sich deshalb gemäß der modifizierten Subjektstheorie um eine öffentlich-rechtliche Norm. Damit liegt eine *öffentlich-rechtliche Streitigkeit* vor.

Diese ist nichtverfassungsrechtlicher Art, eine Sonderzuweisung ist nicht ersichtlich, so dass gemäß § 40 I VwGO der Verwaltungsrechtsweg eröffnet ist.

Gemäß § 42 I VwGO ist die Anfechtungsklage **statthafte Klageart**, wenn der Kläger die gerichtliche Aufhebung eines ihn belastenden VA begehrt, der sich noch nicht erledigt hat.

Zu prüfen ist deshalb zunächst, ob es sich bei dem Demonstrationsverbot um einen VA handelt. Ein VA ist nach § 35 S. 1 VwVfG die hoheitliche Maßnahme einer Behörde auf dem Gebiet des öffentlichen Rechts zur rechtsfolgenbegründenden Regelung eines Einzelfalles mit Außenwirkung.

Das Versammlungsverbot wird von einer Verwaltungsbehörde einseitig im Über-Unterordnungsverhältnis aufgrund einer öffentlich-rechtlichen Norm erlassen. Es handelt sich deshalb um die **hoheitliche Maßnahme einer Behörde auf dem Gebiet des öffentlichen Rechts**.

Die Anordnung verbietet den (außerhalb der Verwaltung stehenden) potentiellen Demonstrationsteilnehmern an der besagten Demonstration teilzunehmen und führt damit eine Rechtsfolge in Form des Verbotes herbei. Sie ist auch speziell auf diese Rechtsfolge gerichtet. Es handelt sich bei der Anordnung folglich um eine **Regelung mit Außenwirkung**.

Des Weiteren muss es sich bei der Maßnahme um die Regelung eines **Einzelfalles** handeln.

Es muss sich jedenfalls um die Regelung eines konkreten Sachverhalts handeln (im Gegensatz zur abstrakten Regelung durch Rechtsnormen). Hier geht es um das Verbot einer ganz bestimmten Demonstration, eine *konkrete Regelung* liegt folglich vor.

Allerdings richtet sich die Anordnung nicht, wie beim Normalfall des VA, an einen individuellen Adressatenkreis, da gar nicht feststeht, wer und wieviel Personen an der Demonstration teilnehmen wollen.

Es könnte sich deshalb nur um eine *Allgemeinverfügung* i.S.v. § 35 S. 2, 1.Alt VwVfG handeln. Diese *konkret-generelle Regelung* setzt gemäß § 35 S.2. 1.Alt VwVfG voraus, dass der Adressatenkreis bei Erlass der Anordnung bestimmt oder bestimmbar ist.

Bestimmbarkeit liegt jedenfalls dann vor, wenn der Adressatenkreis der Behörde zwar bei Erlass der Anordnung noch nicht bekannt ist, er aber bereits objektiv feststeht und die Behörde ihn jederzeit feststellen kann (z.B. "alle Demonstrationsteilnehmer" bei der Auflösung einer Demonstration).

Dieser Fall ist hier aber nicht gegeben, weil sich bei Erlass des Verbots noch nicht übersehen lässt, wer an der Demonstration teilnehmen will.

Nach h. M. ist es für die "Bestimmbarkeit" jedoch ausreichend, wenn bei Erlass der Verfügung der Adressatenkreis "im Wesentlichen" bestimmt ist, d.h. wenn der Kreis zumindest gattungsmäßig bekannt und damit objektiv bestimmt ist. An der Bestimmbarkeit fehlt es also nur dann, wenn von der Regelung theoretisch wie praktisch jedermann erfasst werden kann.

Im vorliegenden Fall ergibt sich die Bestimmbarkeit durch die Bezugnahme auf eine ganz konkrete, räumlich und zeitlich fixierte Veranstaltung. Es liegt deshalb eine adressatenbezogene Allgemeinverfügung und damit ein VA vor.

Weiter ist die Anfechtungsklage nur dann statthaft, wenn sich der VA noch **nicht erledigt** hat, da die Aufhebung eines sich erledigten VA nicht möglich ist, bzw. keinen Sinn mehr ergibt. Hier kommt Erledigung durch Zeitablauf in Betracht. Ist der Tag, an dem die Demonstration stattfinden sollte zum Zeitpunkt der Klageerhebung schon verstrichen, hat sich der VA durch Zeitablauf erledigt, da die konkrete Demonstration (zu dem konkreten Zeitpunkt) dann ohnehin nicht mehr stattfinden kann.

Bis zum 10.05.2004 ist die Anfechtungsklage deshalb statthafte Klageart, danach die Fortsetzungsfeststellungsklage nach § 113 I S.4 VwGO. Erledigt sich der VA nach Klageerhebung, aber vor der letzten mündlichen Verhandlung, kommt es zu eine Klageumstellung der zunächst statthaften Anfechtungsklage auf die nunmehr statthafte Fortsetzungsfeststellungsklage, vgl. § 113 I S. 4 VwGO.

Fall 4:

Die Stadt stellt an einer Straße ein Halteverbotsschild (§ 41 StVO Zeichen 283) auf. Der Angestellte A, der in der Nähe arbeitet und bisher dort immer sein Kfz abgestellt hatte, findet nun keine andere Parkmöglichkeit und möchte gegen das Halteverbotsschild vorgehen.
Welche Klageart ist hier statthaft?

Lösungsvorschlag

Der **Verwaltungsrechtsweg** ist nach § 40 I VwGO eröffnet, da sich die Klage gegen ein Verkehrszeichen richtet und das Aufstellen von Verkehrszeichen in den öffentlich-rechtlichen Normen der StVO geregelt wird, so dass es sich um eine öffentlich-rechtliche Streitigkeit handelt.

Statthafte Klageart ist gemäß § 42 I VwGO die Anfechtungsklage, wenn es sich bei dem Verkehrsschild um einen VA handelt.

Verkehrsschilder sind Maßnahmen einer Behörde auf dem Gebiet des Straßen-verkehrsrechts, welches insoweit zum öffentlichen Recht gehört.

Eine **Regelung** beinhaltet ein Verkehrsschild dann, wenn es auf die Setzung einer Rechtsfolge gerichtet ist. Das ist bei Gefahrzeichen nach § 40 StVO, die lediglich auf eine Gefahr aufmerksam machen sollen und bei Verkehrsschildern, die lediglich einen Hinweis enthalten, nicht der Fall. Verkehrszeichen i.S.d. § 41 StVO enthalten dagegen Ge- und Verbote. Das Halteverbotsschild enthält das Verbot, an der entsprechenden Stelle anzuhalten und ist somit auf die Herbeiführung einer Rechtsfolge gerichtet. Diese Rechtsfolge, das Halteverbot, muss von den Verkehrsteilnehmern beachtet werden, eine Regelung mit Außenwirkung liegt vor.

Es müsste sich weiter um eine **Einzelfallregelung** handeln. Das Verkehrsschild richtet sich an eine unbestimmte Vielzahl von Personen, Adressat ist jeder Verkehrsteilnehmer. Als generelle Regelung kann ein Verkehrsschild damit nur unter den Voraussetzungen von § 35 S.2 VwVfG ein VA darstellen. In Betracht kommt eine *benutzungsregelnde Allgemeinverfügung* nach § 35 S. 2, 3. Alt. VwVfG. Die Regelung bezieht sich hier auf die Benutzung einer Sache, nämlich des konkreten Straßenabschnittes, und sie betrifft die Nutzung der Straße durch die Allgemeinheit, nämlich durch alle Verkehrsteilnehmer.

Damit handelt es sich bei dem Halteverbotsschild um einen VA nach § 35 S.2, 3. Alt. VwVfG, statthafte Klageart ist die Anfechtungsklage.

Wiederholungsfragen zum 3. Kapitel, Teil 1

1. Wann ist die Anfechtungsklage statthafte Klageart?

Wenn der Kläger die gerichtliche Aufhebung eines ihn belastenden VA begehrt, der sich noch nicht erledigt hat.

2. Nennen Sie die VA-Merkmale

Ein VA ist

1) die hoheitliche Maßnahme

2) einer Behörde

3) auf dem Gebiet des öffentlichen Rechts

4) zur Regelung

5) eines Einzelfalles

6) mit Außenwirkung

3. Was versteht man unter einer Regelung?

Eine Regelung ist die hoheitliche Maßnahme einer Behörde, die nach ihrem Erklärungsgehalt auf die Herbeiführung einer Rechtsfolge gerichtet ist.

4. Gegenüber welchem Verwaltungshandeln wird der VA durch das Merkmal der Regelung abgegrenzt?

Das Merkmal der Regelung dient zur Abgrenzung gegenüber Realakten.

5.	Gegenüber welchem Verwaltungshandeln wird der VA durch das Merkmal der Außenwirkung abgegrenzt?	Das Merkmal der Außenwirkung dient zur Abgrenzung gegenüber verwaltungsinternen Maßnahmen wie Verwaltungsvorschriften oder internen Weisungen.
6.	Gegenüber welchem Verwaltungshandeln wird der VA durch das Merkmal der Einzelfallregelung abgegrenzt?	Das Merkmal der Einzelfallregelung dient zur Abgrenzung gegenüber dem Erlass von Rechtsnormen.
7.	Was ist der Unterschied zwischen einer konkreten und einer abstrakten Regelung?	Eine konkrete Regelung regelt einen ganz konkreten, einzelnen Sachverhalt, eine abstrakte Regelung regelt eine unbestimmte Vielzahl von Fällen.
8.	Was ist der Unterschied zwischen einer individuellen und einer generellen Regelung?	Eine individuelle Regelung richtet sich an einen ganz bestimmten oder eine bestimmte Zahl von Adressaten, eine generelle Regelung richtet sich an eine unbestimmte Zahl von Adressaten.
9.	Wann liegt jedenfalls kein VA vor?	Wenn es sich um eine abstrakt generelle Regelung handelt.
10.	Was versteht man unter einer Allgemeinverfügung?	Eine Allgemeinverfügung ist eine konkret-generelle Regelung. Es handelt sich dabei um einen VA, dessen Adressatenkreis lediglich nach allgemeinen Merkmalen bestimmt oder bestimmbar ist.
11.	Woraus ergibt sich, dass es sich bei Verkehrszeichen um VA handelt?	Aus § 35 S.2, 3. Alt VwVfG, wonach eine Maßnahme auch dann eine Allgemeinverfügung und damit VA ist, wenn sie die Benutzung einer Sache durch die Allgemeinheit regelt.
12.	Wann hat sich ein VA erledigt?	Ein VA hat sich immer dann erledigt, wenn eine gerichtliche Aufgebung unmöglich geworden ist oder keinen Sinn mehr ergibt.
13.	Welcher Zeitpunkt ist für die Frage, ob sich der VA erledigt hat, entscheidend?	Der Zeitpunkt der letzten mündlichen Verhandlung.

2) Die Klagebefugnis

Die Klagebefugnis ist für die Anfechtungsklage (und auch für die Verpflichtungsklage) in § 42 II VwGO ausdrücklich geregelt. Danach ist die Anfechtungsklage nur dann zulässig, *wenn der Kläger geltend macht, durch den Verwaltungsakt in seinen Rechten verletzt zu sein.*

Nach der herrschenden **Möglichkeitstheorie** gilt:

> **Die Klagebefugnis ist gegeben, wenn die Möglichkeit besteht, dass der Kläger in einem subjektiven öffentlichen Recht verletzt wird.**

Sinn und Zweck der Klagebefugnis ist es, Popularklagen (bei denen sich der Kläger zum Vertreter der Allgemeinheit macht) auszuschließen, da es ansonsten zu einer Überlastung der Gerichte auf Kosten der wirklich rechtsschutzbedürftigen Fälle käme. Der Kläger darf deshalb nur die Verletzung eines **eigenen subjektiven Rechts** (und kein Recht der Allgemeinheit) geltend machen.

> **Bsp.:** *Wird in der Stadt A trotz fehlender Schallschutzmaßnahmen für die Anwohner eine Genehmigung für den Betrieb einer Diskothek erteilt, können nur die durch den Lärm betroffenen dagegen klagen, keinesfalls aber z. B. ein Bürger der hundert Kilometer entfernt liegenden Stadt B.*

Es muss also geklärt werden,

> - **ob ein subjektives Recht besteht, das verletzt sein könnte und**
> - **ob zumindest die Möglichkeit einer Verletzung besteht.**

Klausur-hinweis

In der **Klausur** muss also zunächst eine Rechtsnorm gefunden werden, gegen die die angegriffene Maßnahme verstoßen könnte. Dabei gehen einfache Gesetze, da diese spezieller sind, den Grundrechten vor. Auf eine mögliche Grundrechtsverletzung sollte man nur dann zurückgreifen, wenn die Verletzung einer einfachgesetzlichen Rechtsnorm (aus der sich ein subjektives Recht des Klägers ergibt, vgl. unten) nicht in Betracht kommt.

a) Vorliegen eines subjektiven Rechtes

Der Kläger muss geltend machen, durch die angegriffene Maßnahme in einem **subjektiven öffentlichen Recht** verletzt zu sein.

Unter einem subjektiven öffentlichen Recht versteht man *eine dem einzelnen auf Grund öffentlichen Rechts verliehene Rechtsmacht, vom Staat oder einem sonstigen Träger öffentlicher Verwaltung ein konkretes Tun, Dulden oder Unterlassen verlangen zu können.* Ein subjektives Recht beinhaltet also einen Anspruch des Bürgers gegenüber einem staatlichen Hoheitsträger.

Dabei ist Voraussetzung für ein subjektives öffentliches Recht zunächst immer eine **Rechtsnorm**, die eine Verpflichtung des Staates begründet.

Die klassischen subjektiven öffentlichen Rechte sind die **Grundrechte.** Eindeutig um subjektive öffentliche Rechte handelt es sich auch bei den ausdrücklich als solche bezeichneten Rechte oder Ansprüche in den einfachen Gesetzen wie z. B. die sozialen Rechte nach §§ 3-10 SGB I oder die Rechte der Beamten in den §§ 48 ff BRRG. Auch wenn in einer Rechtsnorm "kann verlangt werden" steht, wird damit ausdrücklich ein subjektives öffentliches Recht eingeräumt.

Klausur-hinweis	Geht es um die mögliche Verletzung einer Rechtsnorm, die "eindeutig" ein subjektives Recht begründet, wie es insbesondere bei der möglichen Verletzung von Grundrechten der Fall ist, ist in der **Klausur** die Frage, ob die jeweilige Rechtsnorm ein subjektives Recht überhaupt beinhaltet, völlig unproblematisch. Es stellt sich dann nur die Frage, ob die Verletzung dieses (Grund-)Rechtes möglich ist, vgl. unter b).

"Recht i. S. des § 42 II VwGO" ist *jedes von der Rechtsordnung als schutzwürdig anerkannte Individualinteresse.* Dabei kommt es nicht auf die Schutzwürdigkeit an sich an, sondern allein darauf, ob ein Individualinteresse tatsächlich durch eine Rechtsnorm geschützt ist. Entscheidend ist dabei nach der sog. **Schutznormlehre**, dass die in Frage kommende *Rechtsnorm nicht (nur) den Interessen der Allgemeinheit, sondern (zumindest auch) den Individualinteressen des Klägers zu dienen bestimmt ist.*

Dabei muss es sich bei den Individualinteressen immer um *rechtliche* Interessen handeln. Rein wirtschaftliche, kulturelle, gesellschaftliche, ideelle oder politische Interessen als solche genügen nicht.

45

Es genügt auch nicht, wenn sich der Schutz des Bürgers als bloßer Reflex aus einer rein objektivrechtlichen Norm ergibt. Entscheidend ist die *Zweckbestimmung der Norm*. Der Zweck der Norm muss eben gerade auch der individuelle Schutz des einzelnen sein.

> **Bsp.**: *Die Anfechtung einer Baugenehmigung durch den Nachbarn N ist nur möglich, wenn N geltend machen kann, dass die Baugenehmigung gegen eine ihn als Nachbarn schützende Rechtsnorm verstößt. Es genügt also nicht, dass die Baugenehmigung rechtswidrig ist, vielmehr muss sie gegen eine Rechtsnorm verstoßen, die ein subjektives Recht des N beinhaltet, sprich die seine Individualinteressen als Nachbarn schützen soll. § 5 BlmSchG z.B. dient dem Schutz der Nachbarschaft vor schädlichen Umwelteinwirkungen und Gefahren durch bestimmte Anlagen. Es schützt damit das Individualinteresse der körperlichen Unversehrtheit und Gesundheit.*

Klausur-hinweis

In der **Klausur** ist also gegebenenfalls zunächst zu erörtern, ob die Rechtsnorm, deren Verletzung in Betracht kommt, die Verwaltung zu einem bestimmten Verhalten (tun, dulden oder unterlassen) verpflichtet und ob diese Rechtsnorm zumindest auch dem Schutz der Interessen einzelner Bürger dient, sprich ein subjektives öffentliches Recht begründet.
Dabei genügt für die Bejahung der Klagebefugnis an dieser Stelle allerdings die *Möglichkeit*, dass die Rechtsnorm ein subjektives Recht begründet. Soweit es problematisch ist, ob die Rechtsnorm tatsächlich ein subjektives Recht begründet, ist diese Frage erst in der Begründetheit endgültig zu klären, vgl. unter II. 4).

b) Möglichkeit einer Verletzung dieses subjektiven Rechtes

Ob eine Verletzung des subjektiven Rechts tatsächlich vorliegt oder nicht, ist eine Frage der Begründetheitsprüfung, die nicht im Rahmen der Klagebefugnis erörtert werden darf. Hier ist vielmehr ausschließlich zu klären, ob nach dem Vortrag des Klägers *eine Verletzung von subjektiven Rechten möglich ist.* Dabei ist eine Rechtsverletzung nur dann nicht möglich, wenn *die vom Kläger behaupteten Rechte offensichtlich nicht bestehen oder nicht verletzt sein können.*

Ein "offensichtliches Nichtbestehen" der vom Kläger behaupteten Rechte liegt dann vor, wenn die herangezogene Rechtsnorm offensichtlich schon gar kein subjektives Recht begründet, vgl. unter a).

Ein "offensichtliches nicht verletzt sein können" der vom Kläger behaupteten Rechte liegt dann vor, wenn der Kläger nicht zum **geschützten Personenkreis** zählt.

Eine Rechtsnorm, die ein subjektives öffentliches Recht begründet, die also dem Schutz von Individualinteressen dient, schützt damit zwangsläufig auch immer die Individualinteressen *eines ganz bestimmten Personenkreises.* Dieser Personenkreis muss begrenzt und auch bestimmbar sein. Denn wenn der geschützte Personenkreis unbegrenzt oder nicht bestimmbar wäre, würde es sich nicht mehr um Individualinteressen, sondern um den Schutz der Interessen der Allgemeinheit handeln. Erforderlich ist also, dass sich der geschützte Personenkreis *von der Allgemeinheit abgrenzen lässt.*

Bsp.: § 5 BImSchG schützt die Individualinteressen der Nachbarschaft. Zum geschützten Personenkreis gehören damit ausschließlich die Nachbarn, der Personenkreis ist begrenzt und bestimmbar.

Klausur-hinweis

In der **Klausur** ist also nach der Feststellung, dass die Rechtsnorm ein Individualinteresse, also ein subjektives Recht schützt, noch zu prüfen, ob der Kläger auch zum geschützten Personenkreis gehört. Soweit diese Frage problematisch ist, genügt für die Bejahung der Klagebefugnis ebenfalls wieder die *Möglichkeit*, dass der Kläger zu dem geschützten Personenkreis gehört. Ob er tatsächlich dazu gehört, ist im Rahmen der Begründetheit zu klären, vgl. unter II 4).

c) Adressatentheorie

Speziell bei der Anfechtungsklage ist die Klagebefugnis immer dann unproblematisch, wenn der Kläger *Adressat eines ihn belastenden VA ist.* Der Adressat eines belastenden VA kann nämlich immer zumindest in seiner durch Art. 2 I GG geschützten allgemeinen Handlungsfreiheit verletzt sein. Folglich ist beim Adressaten einer belastenden Maßnahme eine Rechtsverletzung immer möglich.

Klausur-hinweis

Meistens greift die belastende Maßnahme in den Schutz-bereich eines spezielleren Grundrechts ein. Dann sollte in der **Klausur** auch die Klagebefugnis wegen der Möglichkeit einer Verletzung dieses speziellen Grundrechts bejaht werden. Der Hinweis auf eine mögliche Verletzung der allgemeinen Handlungsfreiheit reicht dann nicht aus. Es genügt aber festzustellen, dass der Kläger als Adressat des belasteten VA möglicherweise in dem jeweiligen speziellen Grundrecht verletzt wird und deshalb die Klagebefugnis gemäß der Adressatentheorie vorliegt.

d) VA mit Doppelwirkung

Die Anwendung der Möglichkeitstheorie ist bei der Anfechtungsklage gegen **VA mit Doppelwirkung** erforderlich, wenn sich *ein Dritter gegen den an einen anderen gerichteten, diesen begünstigenden VA wehrt*, vgl. § 80a VwGO. Man spricht hier von den sog. **"Drittbeteiligungsfällen"**, d. h. Fälle, in denen sich nicht der Adressat des VA, sondern ein Dritter gegen den VA wehrt (weshalb man nicht auf die Adressatentheorie zurückgreifen kann).

Hinweis ⇨ Neben den VA mit Doppelwirkung gehören zu den sog. Drittbeteiligungsfällen auch die Fälle, in denen der Kläger von der Verwaltung ein Einschreiten gegen einen Dritten verlangt. Da hierfür aber die Verpflichtungsklage statthaft ist (der Kläger wehrt sich nicht gegen einen erlassenen VA, sondern er begehrt den Erlass eines VA), ist darauf im Rahmen der Verpflichtungsklage einzugehen, vgl. VerwR 2.

VA mit Doppelwirkung kommen insbesondere im Baurecht, im Immissionsschutzrecht und im Subventionsrecht in Betracht.

> *Bsp.: Im Baurecht haben z. B. die Vorschriften über die nötige Abstandsflächen zum Nachbarn nachbarschützenden Charakter, sprich sie dienen auch zum Schutz der Individualinteressen der Nachbarn.*
>
> *Im Immissionsschutzrecht wehrt sich der Betroffene regelmäßig gegen die Genehmigung einer Anlage. Nachbarschützende Wirkung haben hier insbesondere die §§ 1, 4, 5 BImSchG.*

3) Das Widerspruchsverfahren

Gemäß § 68 I S.1 VwGO ist die Durchführung eines ordnungsgemäßen Widerspruchsverfahrens (eines sog. "Vorverfahrens") Voraussetzung für die Zulässigkeit der Anfechtungsklage (und nach § 68 II VwGO auch für die Zulässigkeit der Verpflichtungsklage).

Exkurs   Das Widerspruchsverfahren als Verwaltungsverfahren

Aufgrund des Widerspruches wird die angegriffene Maßnahme zunächst von der Behörde, die die Maßnahme erlassen hat (Ausgangsbehörde) noch einmal auf ihre Recht- und Zweckmäßigkeit überprüft. Kommt die Behörde zu dem Ergebnis, dass der Widerspruch begründet ist (die von ihr erlassene Maßnahme also rechts- oder zweckwidrig ist), so hilft sie ihm ab, sprich sie hebt die angegriffene Maßnahme wieder auf, vgl. § 72 VwGO. Hält die Ausgangsbehörde dagegen den Widerspruch für unbegründet, wird der Widerspruch an die Widerspruchsbehörde nach § 73 I VwGO weitergeleitet. Diese überprüft nun erneut die Maßnahme der Ausgangsbehörde auf ihre Recht- und Zweckmäßigkeit und damit die Begründetheit des Widerspruchs.

Zur Kontrolle der Verwaltung kann die Ausgangsbehörde einem Widerspruch also nur stattgeben, als unbegründet abweisen kann dagegen immer nur die Widerspruchsbehörde (die allerdings ausnahmsweise auch mit der Ausgangsbehörde identisch sein kann, vgl. § 73 VwGO).

Beim Widerspruchsverfahren handelt es sich um ein **Verwaltungsverfahren**. Da es als Verwaltungsverfahren in der VwGO geregelt ist (weil es eben gleichzeitig auch eine Zulässigkeitsvoraussetzung für das Klageverfahren ist), gehen die §§ 68 ff. VwGO den Vorschriften des VwVfG vor, das VwVfG kann aber ergänzend herangezogen werden.

Zu klären ist also:

-   **ob ein Widerspruchsverfahren nicht ausnahmsweise entbehrlich ist**
    und falls nein,
-   **ob der Widerspruch ordnungsgemäß und fristgerecht eingereicht wurde.**

Übersicht

Prüfung der Zulässigkeitsvoraussetzungen

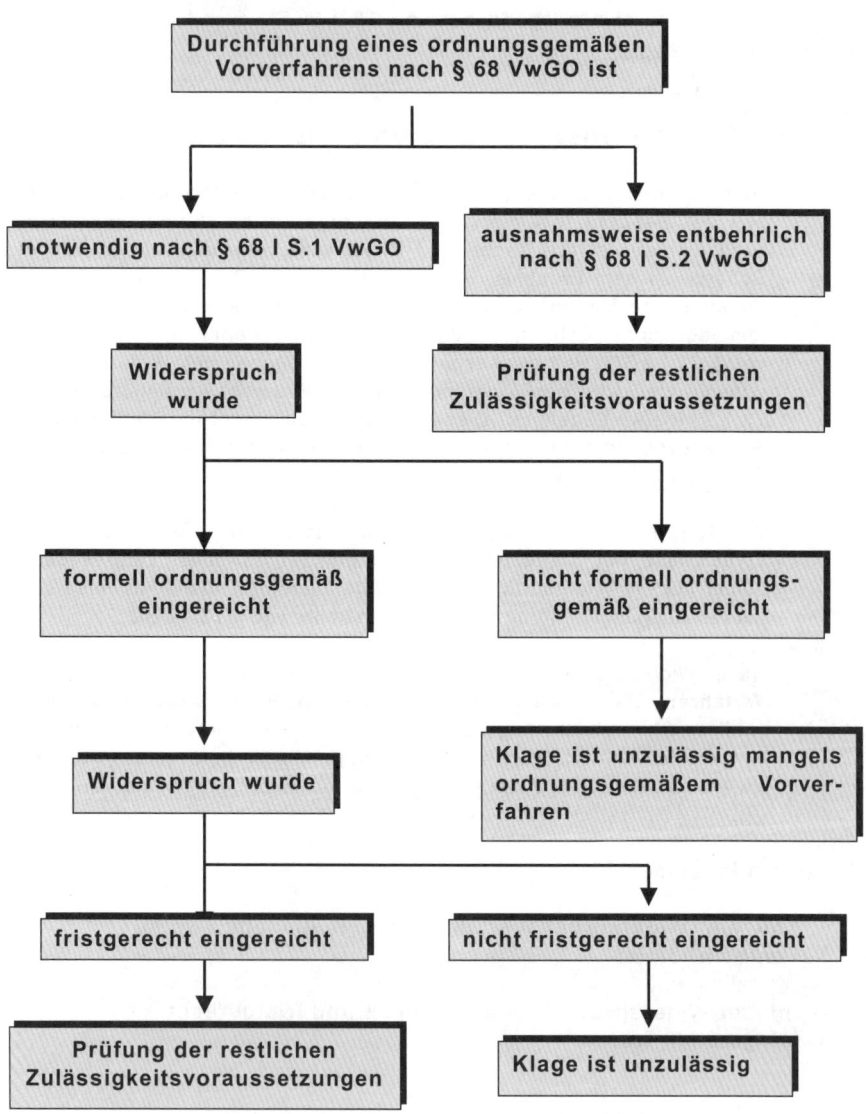

Durchführung eines ordnungsgemäßen Vorverfahrens nach § 68 VwGO ist

notwendig nach § 68 I S.1 VwGO

ausnahmsweise entbehrlich nach § 68 I S.2 VwGO

Widerspruch wurde

Prüfung der restlichen Zulässigkeitsvoraussetzungen

formell ordnungsgemäß eingereicht

nicht formell ordnungsgemäß eingereicht

Widerspruch wurde

Klage ist unzulässig mangels ordnungsgemäßem Vorverfahren

fristgerecht eingereicht

nicht fristgerecht eingereicht

Prüfung der restlichen Zulässigkeitsvoraussetzungen

Klage ist unzulässig

a) Entbehrlichkeit des Widerspruchsverfahrens

§ 68 I S.2 VwGO regelt eine Reihe von Fällen, in denen ein Widerspruchsverfahren *ausnahmsweise entbehrlich* ist. Dies ist regelmäßig dann der Fall, wenn die *Durchführung eines Widerspruchsverfahrens nicht möglich ist* oder aber wenn der *Zweck des Widerspruchsverfahrens*, nämlich der Verwaltung erneut die Möglichkeit zu geben, ihre Maßnahme noch einmal zu überprüfen (vgl.1. Kapitel unter 3)), *nicht mehr erreicht werden kann.*

Nach **§ 68 I S.2, 1. HS VwGO** ist ein Widerspruchsverfahren immer dann entbehrlich, wenn dies *ausdrücklich gesetzlich bestimmt* ist.

Nach **§ 74 I S. 2 VwVfG i. V. m. § 70 VwVfG**, ist ein Vorverfahren nicht erforderlich, wenn es sich um einen VA handelt, *der in einem förmlichen Verwaltungsverfahren oder einem Planfeststellungsverfahren erlassen worden ist.* Grund ist, dass diese Verfahren schon so aufwendig sind, dass eine erneute Überprüfung durch die Verwaltung als nicht erforderlich angesehen wird. Z. B. ist im förmlichen Verwaltungsverfahren schon die Beteiligung von "Einwendern" (=Personen, die Einwendungen geltend machen) vorgesehen.

Nach **§ 75 S.1, 1.Alt VwGO** (§ 75 ganz lesen!) ist ein ordnungsgemäßes Widerspruchs-verfahren dann entbehrlich, wenn die Behörde *einen eingelegten Widerspruch nicht sachlich beschieden hat.* Das ist erforderlich, damit der nach Art. 19 IV GG garantierte umfassende Rechtsschutz nicht umgangen werden kann, indem die Behörde den ein-gelegten Widerspruch einfach ignoriert. Zu beachten ist, dass im Falle des § 75 S.1, 1. Alt VwGO aber auf jeden Fall ein Widerspruch ordnungsgemäß eingereicht sein muss. Entbehrlich ist hier lediglich die ordnungsgemäße Durchführung des Widerspruchs-verfahrens.

Nach **§ 68 I S.2 Nr. 1 VwGO** ist ein Widerspruchsverfahren regelmäßig entbehrlich, wenn der *VA von einer obersten Bundesbehörde oder von einer obersten Landesbehörde erlassen worden ist.* Der Grund hierfür ist zum einen, dass man von einer besonderen Sachkunde und fachlichen Qualität der obersten Behörden ausgeht und zum anderen, dass es keine höhere Behörde gibt, die hier als Widerspruchsbehörde in Betracht käme. Wichtigste diesbezügliche gesetzliche Ausnahme ist **§ 126 III Nr.1 BRRG**, nach dem bei *beamtenrechtlichen Streitigkeiten* ein Widerspruchsverfahren *immer* erforderlich ist.

Nach **§ 68 I S.2 Nr. 2 VwGO** ist ein Widerspruchsverfahren entbehrlich, wenn durch den Widerspruchsbescheid *ein Dritter erstmalig beschwert ist.* Nach § 71 VwGO ist nämlich der Dritte, der durch den Widerspruchsbescheid wegen Abänderung des Ursprungs-VA erstmalig beschwert wird, im Widerspruchsverfahren zu hören. Dadurch wird ein erneutes Widerspruchsverfahren unnötig.

Bsp.: Der Gastwirt G erhält auf seinen Antrag auf Erlass einer Gaststättenerlaubnis eine Erlaubnis verbunden mit der Auflage, zum Schutz der Nachbarn seine Gaststätte lediglich bis 24 Uhr zu betreiben. G legt daraufhin Widerspruch ein. Wird diesem Widerspruch nun stattgegeben, so dass G aufgrund des Widerspruchsbescheids nun bis 2 Uhr öffnen darf, wurde der Nachbar N in diesem Widerspruchsverfahren wegen § 71 VwGO schon gehört. Folglich ist nicht ersichtlich, dass die Behörde aufgrund eines Widerspruchs des N anders entscheiden würde. N kann nach § 68 I S.2 VwGO sofort Klage gegen den Widerspruchsbescheid erheben.

Hat der Bauherr B eine Baugenehmigung erhalten, die aber aufgrund des Widerspruchs des Nachbarn N wieder aufgehoben wurde, so ist B Dritter i. S. von § 68 I S. 2 Nr. 2 VwGO. Folglich kann B jetzt direkt gegen den Widerspruchsbescheid klagen, durch den er erstmalig beschwert wird.

Neben diesen ausdrücklich gesetzlich geregelten Fällen der Entbehrlichkeit der Durchführung eines ordnungsgemäßen Widerspruchsverfahrens ist nach Auffassung des BVerwG die Durchführung eines Widerspruchsverfahrens auch dann nicht erforderlich (aber natürlich möglich), wenn der *Zweck des Widerspruchsverfahrens* (die Selbstkontrolle der Verwaltung) *schon erreicht wurde oder offensichtlich nicht mehr erreicht werden kann.* Also immer dann, wenn die Durchführung eines Widerspruchsverfahrens sinn- und zwecklos wäre.

Bsp.: Erhebt der Kläger die Anfechtungsklage gegen einen VA, der lediglich einen anderen VA wiederholt, gegen den schon ein ordnungsgemäßes Widerspruchsverfahren durchgeführt wurde, ist ein Widerspruchsverfahren nicht mehr erforderlich, die Anfechtungsklage kann dann also nicht mangels ordnungsgemäßem Vorverfahren als unzulässig abgewiesen werden.

Das gleiche gilt, wenn ein Widerspruchsverfahren schon von einem Dritten, z. B. dem anderen Nachbarn, durchgeführt wurde.

Ebenfalls entbehrlich ist ein Vorverfahren, wenn sich die Widerspruchsbehörde, bzw. ihr Rechtsträger, auf die Klage schon sachlich eingelassen hat und deren Abweisung als unbegründet beantragt.

b) Formell ordnungsgemäße Einreichung des Widerspruchs

Nach § 70 I S.1 VwGO muss der Widerspruch **schriftlich oder zur Niederschrift** eingereicht werden. Eine mündliche Geltendmachung genügt nicht (außer eben zur Niederschrift bei der Behörde).

Die Bezeichnung als Widerspruch ist nicht erforderlich. Es genügt, wenn ein Nichteinverständnis mit dem VA und das Verlangen nach Überprüfung zum Ausdruck gebracht wird.

Weiter muss der Widerspruch nach § 70 I S.1 VwGO bei der **Ausgangsbehörde** (also bei der Behörde, die den angegriffenen VA erlassen hat) oder bei der **Widerspruchsbehörde** (gemäß § 73 VwGO) eingereicht werden.

c) Fristgerechte Einreichung des Widerspruchs

Nach § 70 I S.1 VwGO muss der Widerspruch *innerhalb eines Monats, nachdem der VA dem Beschwerten ordnungsgemäß bekannt gegeben wurde,* erhoben werden.

Vor der Bekanntgabe ist die Einreichung eines Widerspruches unzulässig.

aa) Die Berechnung der Widerspruchsfrist

Zur Klärung der Frage, ob ein eingelegter Widerspruch fristgerecht erhoben wurde, muss geklärt werden, an welchem Tag die Widerspruchsfrist abgelaufen und der Widerspruch damit verfristet ist. Der **Fristbeginn** richtet sich nach der **Bekanntgabe** des VA. Die Dauer beträgt grundsätzlich einen Monat, § 70 I VwGO.

Unter **Bekanntgabe** versteht man *die Eröffnung des VA an den Betroffenen mit Wissen und Wollen der Behörde.*

Nach § 37 II VwVfG kann ein VA schriftlich, mündlich oder in anderer Weise bekannt gegeben werden. Die Bekanntgabe richtet sich nach § 41 VwVfG.

Die **Fristberechnung** (Fristbeginn und Fristende) erfolgt entweder nach § 57 II VwGO i. V. mit § 222 I ZPO oder nach § 79 VwVfG i. V. mit § 31 I VwVfG *gemäß §§ 187 ff BGB.* Zu beachten ist dabei noch die Feiertagsregelung des § 31 III VwVfG.

Ein schriftlicher, durch **einfachen Brief zugestellter VA** gilt nach § 41 II VwVfG mit dem dritten Tage nach der Aufgabe zur Post als bekannt gegeben, außer wenn er nicht oder zu einem späteren Zeitpunkt zugegangen ist. Fällt das Ende der Drei-Tages-Frist auf einen Sonn- oder Feiertag, spielt das für den Fristbeginn ausnahmsweise keine Rolle, da es sich hier um eine Fiktion handelt.

Bsp.: Ein Antrag auf den Erlass einer Baugenehmigung wird mit Schreiben vom Donnerstag, den 29.1.1998 abgelehnt. Das Schreiben wurde am 30.1.1998 durch einfachen Brief zugestellt.

Nach § 70 I VwGO muss innerhalb eines Monats nach Bekanntgabe des VA Widerspruch eingelegt werden. Aufgrund von § 41 II VwVfG gilt das Schreiben mit dem dritten Tage nach der Aufgabe zur Post als bekannt gegeben. Das Schreiben wurde hier am 29.1.1998 aufgegeben, so dass der Bescheid als am Sonntag, den 1.2.1998 bekannt gegeben gilt. Aufgrund § 79 VwVfG i.V. mit § 31 I VwVfG ist für die Frage, wann die Monatsfrist zu laufen beginnt, § 187 I BGB entscheidend.

Gemäß § 70 I ist hier für den Anfang der Frist ein Ereignis, nämlich die Bekanntgabe, maßgebend, so dass die Frist nach § 187 I BGB am 2. Februar 1998 (um 0.00 Uhr) zu laufen beginnt. § 31 III VwVfG (bzw. auch § 193 BGB) kann hier nicht angewendet werden, weil es sich bei der Drei-Tages-Frist um eine Fiktion und nicht um "das Ende einer Frist" i. S. von § 31 III VwVfG handelt. Nach § 188 II BGB endet die Monatsfrist nach Ablauf desjenigen Tages des letzten Monats, welcher durch seine Benennung, dem Tage entspricht, in den das Ereignis fällt, hier also am Sonntag, den 1. März 1998. Da es sich hier um das "Ende einer Frist" handelt, kommt § 31 III VwVfG zur Anwendung, so dass die Frist erst am folgenden Werktag, somit am Montag, den 2. März 1998 um 24.00 Uhr endet. Damit wäre ein am 3. März 1998 eingelegter Widerspruch verfristet.

Für schriftliche VA, die durch **förmliche Zustellung,** wie z.B. durch Einschreiben, zugestellt werden, kommt das VwZG bzw. das entsprechende Landeszustellungsgesetz zur Anwendung, vgl. § 41 V VwVfG. Ist eine förmliche Zustellung des VA gesetzlich vorgeschrieben, wie z.B. beim Widerspruchsbescheid nach § 73 III S.1 VwGO, so ist die ordnungsgemäße förmliche Zustellung *zwingende Voraussetzung, um die Frist des § 70 I VwGO in Gang zu setzen.* Eine anderweitige Bekanntgabe genügt nicht.

Das VwZG gilt für die Zustellungsverfahren aller Bundesbehörden (und der Landesfinanzbehörden), soweit nichts anderes bestimmt ist, vgl. § 1 VwZG.

Das jeweilige Landes-VwZG gilt für die Zustellungsverfahren der Landesbehörden, soweit nichts anderes bestimmt ist, vgl. § 1 Landes-VwZG.

Wichtigste Ausnahme ist § 73 III VwGO, wonach insbesondere für *alle Widerspruchsbescheide (also auch die der Landesbehörden) das Bundes-VwZG zur Anwendung kommt.*

In bestimmten Fällen kann ein VA (insbesondere Allgemeinverfügungen) auch durch **öffentliche Bekanntgabe** bekannt gegeben werden, vgl. § 41 III, IV VwVfG. Die öffentliche Bekanntgabe eines schriftlichen VA erfolgt gemäß § 41 IV S.1 VwVfG durch eine **ortsübliche Bekanntmachung.** Diese richtet sich nach den GemO der Länder, bzw. deren Durchführungsverordnungen (z.B. § 1 DVO GemO B-W). Der VA gilt zwei Wochen nach der ortsüblichen Bekanntmachung als bekannt gegeben.

> **Bsp.:** Die Bekanntmachung erfolgt am Freitag, den 6.2.2004 durch Veröffentlichung im Gemeindeblatt. Nach § 41 IV S. 3 VwVfG gilt der VA zwei Wochen nach ortsüblicher Bekanntmachung als bekannt gegeben, also am Freitag, den 20.2.2004. Nach § 31 I VwVfG i.V.m. § 188 II BGB endet die Frist eigentlich am 20.3.2004 Da dies jedoch ein Samstag ist, endet die Frist gemäß § 31 III VwVfG am Montag, den 22.3.2004 um 24.00 Uhr.

bb) Ordnungsgemäße Bekanntgabe

Die Frist des § 70 I VwGO beginnt nur dann zu laufen, wenn der VA **ordnungsgemäß bekannt gegeben wurde.**

Nach § 41 I VwVfG muss der VA *demjenigen Beteiligten bekannt gegeben werden, für den er bestimmt ist (Adressat des VA) oder der von ihm betroffen wird.*

Dabei muss der VA jedem einzelnen, der durch ihn in seinen Rechten betroffen wird, bekannt gegeben werden.

> **Bsp.:** *Der VA, dessen Adressat eine GbR ist, muss jedem Gesellschafter bekannt gegeben werden.*
>
> *Eine Baugenehmigung muss jedem betroffenen Nachbarn bekannt gegeben werden.*

Nach § 43 I VwVfG wird der VA in dem Zeitpunkt wirksam, in dem er demjenigen bekannt gegeben wird, für den er bestimmt ist oder der von ihm betroffen wird.

Fehlt es an einer Bekanntgabe gegenüber dem Betroffenen, wird der VA nicht wirksam. Sobald er aber *einem* Betroffenen bekannt gegeben wurde, ist der VA *rechtlich existent* und *kann* von allen Beteiligten angegriffen werden.

Für den Lauf der Widerspruchsfrist ist dagegen auf die Bekanntgabe *gerade an den einzelnen Rechtsbehelfsführer* abzustellen. Die Frist des § 70 I VwGO (und auch die Jahresfrist nach § 58 II VwGO) beginnt nicht zu laufen, wenn der VA dem Betroffenen gar nicht bekannt gegeben wurde.

Ist eine bestimmte Bekanntgabeform gesetzlich vorgeschrieben, (z. B. die förmliche Zustellung beim Widerspruch nach § 73 III VwGO) beginnt die Frist erst bei Wahrung dieser Form zu laufen.

Grundsätzlich kann in diesen Fällen unbefristet Widerspruch eingelegt werden. Eine Ausnahme Stellt die sog. **Verwirkung** dar, die gemäß dem Grundsatz von Treu und Glauben dann vorliegt, *wenn der Dritte durch sein Verhalten zurechenbar den Anschein erweckt hat, dass er den VA nicht angreifen wolle und sich deshalb der durch den VA Begünstigte darauf eingestellt hat.*

> **Bsp.:** *Wird die Baugenehmigung des Bauherrn A aufgrund eines Fehlers der Verwaltung dem betroffenen Nachbarn N nicht bekannt gegeben, kann N grundsätzlich auch noch nach Jahren Widerspruch erheben, da mangels Bekanntgabe weder die Monatsfrist nach § 70 I VwGO noch die Jahresfrist nach § 58 VwGO gegenüber N zu laufen begonnen hat.*
>
> *Erhält N aber zuverlässig Kenntnis von der Baugenehmigung, muss er sich so behandeln lassen, als wäre ihm der VA bekannt gegeben worden, er muss dann die Widerspruchsfrist ab seiner Kenntniserlangung einhalten. N muss also nach §§ 70, 58 VwGO analog binnen Jahresfrist ab Kenntnisnahme Widerspruch einlegen.*

Nach § 70 II VwGO i. V. mit § 58 I VwGO beginnt die Widerspruchsfrist nur dann zu laufen, wenn eine **ordnungsgemäße Rechtsbehelfsbelehrung** erteilt wurde. Fehlt eine solche, läuft gemäß § 58 II VwGO eine Jahresfrist.

An einer ordnungsgemäßen Rechtsbehelfsbelehrung fehlt es, wenn
- *überhaupt keine schriftliche Rechtsbehelfsbelehrung erfolgt ist* oder
- *wenn der Beteiligte über die Verwaltungsbehörde oder das Gericht, bei denen der Rechtsbehelf anzubringen und den Sitz nicht belehrt worden ist* oder
- wenn die Rechtsbehelfsbelehrung *sonst fehlerhaft ist*.

Fehlerhaft ist eine *falsche* Rechtsbehelfsbelehrung, aber auch eine Rechtsbehelfsbelehrung, die *durch unrichtige oder irreführende Zusätze dazu geeignet sind, die Rechtsbehelfseinlegung zu erschweren.*

d) Sonstiges

Wird der Widerspruch nicht fristgerecht eingereicht, ist die Klage grundsätzlich nach § 68 I VwGO mangels ordnungsgemäßem Widerspruchsverfahren als unzulässig abzuweisen. Entscheidet die Widerspruchsbehörde aber trotz Verfristung über den Widerspruch, wird die Klage nicht als unzulässig abgewiesen. Es liegt *im Ermessen der Verwaltungsbehörde als "Herrin des Vorverfahrens"*, ob sie einem Beteiligten die Klage trotz verfristetem Widerspruch dennoch eröffnen will. Die Fristvorschrift dient dem Schutz des Rechtsträgers der Widerspruchsbehörde, der auf diesen Schutz auch verzichten kann.

Geht es jedoch um die **Anfechtung eines begünstigenden VA durch einen Dritten**, der durch den VA belastet wird, dient die Widerspruchsfrist dem Schutze desjenigen, der durch den VA begünstigt wurde. Dieser muss auf die Unanfechtbarkeit des VA vertrauen können, so dass die Nichteinhaltung der Widerspruchsfrist auch dann zur Abweisung der Klage führen muss, wenn die Verwaltungsbehörde dennoch über den Widerspruch entscheidet (wozu sie nicht befugt ist).

> *Bsp.: Klagt der Nachbar N gegen eine dem Bauherren erteilte Baugenehmigung, muss die Klage als unzulässig abgewiesen werden, wenn N nicht fristgerecht Widerspruch eingereicht hat. Auch muss hier die Verwaltung einen verfristeten Widerspruch abweisen.*

Das Erfordernis der "ordnungsgemäßen Durchführung eines Widerspruchsverfahrens" als Zulässigkeitsvoraussetzung der Klage bezieht sich immer nur auf *Fehler des Widerspruchsführers*. Fehlt es an der ordnungsgemäßen Durchführung aufgrund eines Fehlers der Verwaltung, betrifft dies nicht die Zulässigkeit der Klage.

> *Bsp.: Wird der Widerspruchsbescheid von einer unzulässigen Behörde erlassen oder fehlt die nach § 73 III VwGO erforderliche Begründung, hat das die Rechtswidrigkeit des Widerspruchsbescheids zur Folge, nicht aber die Unzulässigkeit der Klage.*

4) Die Klagefrist

Die Anfechtungsklage muss nach § 74 I S.1 VwGO innerhalb *eines Monats nach ordnungsgemäßer Zustellung* des Widerspruchsbescheids erhoben werden. Ist ein Widerspruchsbescheid nach § 68 I S.2 VwGO nicht erforderlich, beginnt die Klagefrist mit der Bekanntgabe des Ausgangsverwaltungsaktes, § 74 I S.2 VwGO.

Die Fristberechnung erfolgt nach § 57 II VwGO, 222 I ZPO, §§ 187 ff BGB.

Dabei muss der Widerspruchsbescheid gemäß § 73 III VwGO zugestellt werden, die Zustellung richtet sich gemäß § 73 III VwGO *nach dem Bundes-VwZG.*

Für die Zustellung durch die Post mittels eingeschriebenen Briefes gilt eine Drei-Tagesfiktion für den Fristbeginn, vgl. § 4 I Bundes-VwZG.

> *Bsp.: Der von A eingelegte Widerspruch wurde mit Datum vom 27. Januar durch einen Widerspruchsbescheid abgelehnt. Zugestellt wurde der Bescheid durch Einschreiben vom 28. Januar. Gemäß § 4 I VwZG gilt der Bescheid mit dem dritten Tage nach der Aufgabe zur Post als zugestellt, es sei denn dass das Schriftstück nicht oder zu einem späteren Zeitpunkt zugegangen ist. Hier ist das Schriftstück am 28. Januar zugegangen, er wurde am 27. Januar zur Post aufgegeben, so dass er als am 30. Januar zugestellt gilt. Dass es sich hierbei um einen Sonntag handelt, spielt hier keine Rolle, es handelt sich ja nicht um das Ende einer Frist. Nach § 74 I VwGO muss die Anfechtungsklage innerhalb eines Monats nach Zustellung des Widerspruchsbescheids erhoben werden. Nach § 57 II VwGO i. V. m. § 222 I ZPO ist für die Frage, wann die Widerspruchsfrist endet, grundsätzlich § 188 II BGB heranzuziehen. Danach endet die Monatsfrist nach Ablauf desjenigen Tages des letzten Monats, welcher durch seine Benennung, dem Tage entspricht, in den das Ereignis (hier die Zustellung am 30. Januar) fällt. Einen 30. Februar gibt es aber nicht. Deshalb endet die Frist hier gemäß § 188 III BGB mit Ablauf des 28. Februars. Der VA ist somit ab dem 1. März bestandskräftig, eine Klageeinreichung wäre ab diesem Tag verfristet.*

Ebenso wie bei der Widerspruchsfrist gilt, dass die Klagefrist nur dann zu laufen beginnt, wenn der Widerspruchsbescheid ordnungsgemäß zugestellt wurde und die Rechtsbehelfsbelehrung ordnungsgemäß erfolgte.

5) Weitere Zulässigkeitsvoraussetzungen

Klausur-hinweis

Auf die bisher erörterten Zulässigkeitsvoraussetzungen Rechtswegeröffnung, Klageart, Klagebefugnis, Durchführung eines ordnungsgemäßen Widerspruchsverfahren und Klagefrist muss in der **Klausur** immer eingegangen werden. Die folgenden Zulässigkeitsvoraussetzungen sind dagegen nur dann zu erörtern, wenn ihr Vorliegen problematisch ist.

a) Zuständigkeit des angerufenen Gerichtes

Grundsätzlich ist im ersten Rechtszug gemäß § 45 VwGO immer das Verwaltungsgericht **sachlich zuständig**. Es entscheidet über alle Streitigkeiten, für die der Rechtsweg zu den Verwaltungsgerichten eröffnet ist. Ausnahmsweise ist in den Fällen des § 47 VwGO das OVG (bzw. VGH, vgl. § 184 VwGO) sachlich zuständig.

Die **örtliche Zuständigkeit** wird in § 52 VwGO geregelt. Die Gerichtsstände schließen sich gegenseitig aus. Im Normalfall ergibt sich die örtliche Zuständigkeit aus § 52 Nr. 3 VwGO.

Welches Verwaltungsgericht für welchen Bezirk zuständig ist, ergibt sich aus den einzelnen Ausführungsgesetzen der VwGO der Länder, die einzelnen Regierungsbezirke ergeben sich aus den jeweiligen Landesverwaltungsgesetzen.

Klausur-hinweis
Wird in der **Klausur** erwähnt, welche Stadt oder Gemeinde den VA erlassen hat und vor welchem Verwaltungsgericht Klage erhoben wurde, sollte angesprochen werden, dass es sich bei dem Verwaltungsgericht nach § 52 VwGO i. V. mit den Landesgesetzen (die genau zitiert werden sollten) um das örtlich zuständige VG handelt.

b) Ordnungsgemäße Klageerhebung

Die Klage ist gemäß § 81 I S. 1 VwGO schriftlich zu erheben. Vor dem Verwaltungsgericht, also nicht vor dem Oberverwaltungsgericht (oder VGH), kann sie auch zur Niederschrift des Urkundsbeamten der Geschäftsstelle erhoben werden. Das Schriftformerfordernis verlangt auch eine eigenhändige Unterschrift.

Nach Ablauf der Frist ist eine Klage mangels Schriftform oder Unterschrift als unzulässig abzuweisen (die Aufforderungspflicht des § 82 II VwGO bezieht sich nur auf § 82 I VwGO, also den Inhalt der Klageschrift, nicht auf § 81 VwGO).

Hinweis

Bei Klageeinreichung ist eine Unterschrift zwingend erforderlich. Bei der Einlegung eines Widerspruches dagegen genügt es (trotz Schriftformerfordernis), wenn aus dem eingereichten Schriftstück der Absender klar hervorgeht

Nach § 82 I VwGO muss die Klage den Kläger, den Beklagten und den Gegenstand des Klagebegehrens bezeichnen. Die Sollerfordernisse dagegen sind nicht zwingend, so dass deren Fehlen nicht zur Abweisung der Klage führen kann. Zu beachten ist hier § 82 II VwGO.

c) Beteiligtenfähigkeit und Prozessfähigkeit

Im Rahmen der Zulässigkeitsprüfung muss geklärt werden, ob die Beteiligten des Verfahrens (der Kläger, der Beklagte und die Beigeladenen, vgl. § 63 VwGO) auch fähig sind, am Verfahren beteiligt zu sein. Diese **Beteiligtenfähigkeit** ist in § 61 VwGO geregelt. Dabei gilt der Grundsatz, wer rechtsfähig ist, ist auch beteiligtenfähig.

Gemäß § 61 Nr. 1 VwGO sind alle natürlichen und juristischen Personen beteiligtenfähig.

Vereinigungen i. S. von § 61 Nr. 2 VwGO können alle **nichtrechtsfähigen Personenmehrheiten**, unabhängig von ihrer Organisationsform sein. Eine solche Personenmehrheit ist dann beteiligtenfähig, wenn ihr *die im konkreten Rechtsstreit in Frage stehenden Rechte und Pflichten zustehen können.*

Bsp.: Nichtrechtsfähige Vereine und Gesellschaften des bürgerlichen Rechts sind wegen der hinsichtlich der Vereinigungsfreiheit (Art. 9 GG) bestehenden Grundrechtsfähigkeit in einem diesbezüglichen Rechtsstreit mit dem Staat nach § 61 Nr. 2 VwGO beteiligtenfähig.

Behörden sind nach § 61 Nr. 3 VwGO beteiligtenfähig, sofern das Landesrecht es ausdrücklich bestimmt (in Bayern und Baden-Württemberg sind Behörden nie beteiligtenfähig, hier ist immer der Rechtsträger zu verklagen).

Klausurhinweis

Die Beteiligtenfähigkeit ist in der **Klausur** nur dann zu erwähnen, wenn der Kläger keine natürliche Person ist. Eigentlich müsste man an dieser Stelle auch die Beteiligtenfähigkeit des Beklagten prüfen. Dabei kommt es in der Klausur aber regelmäßig zu Aufbauproblemen, da die Frage, wer im vorliegenden Fall überhaupt der Beklagte ist, erst später unter dem Prüfungspunkt Klagegegner erörtert wird. Da als Klagegegner immer nur Behörden (die nach § 61 Nr. 3 VwGO beteiligtenfähig wären) bzw. deren Rechtsträger (die als juristische Personen immer nach § 61 Nr. 1 VwGO beteiligtenfähig sind) in Betracht kommen, ist es wohl zu vertreten, die Beteiligtenfähigkeit des Klagegegners nicht zu prüfen.

Unter **Prozessfähigkeit** versteht man die Fähigkeit, *Verfahrenshandlungen selbst vorzunehmen oder durch einen Prozessbevollmächtigten vornehmen zu lassen.* Nach § 62 I VwGO sind alle rechtsgeschäftsfähigen Personen auch prozessfähig.

Prozessunfähige natürliche Personen werden durch ihre gesetzlichen Vertreter vertreten. Für Vereinigungen und Behörden handeln gemäß § 62 III VwGO ihre gesetzlichen Vertreter, Vorstände oder besonders Beauftragte.

d) Klagegegner

Bei der Frage des Klagegegners (auch passive Prozessführungsbefugnis genannt) geht es um die Frage, *wer zu verklagen ist.*

Nach § 78 I Nr. 1 VwGO ist die Anfechtungsklage (und auch die Verpflichtungsklage) gegen den Bund, das Land oder die Körperschaft (den Rechtsträger der Behörde), deren Behörde den angefochtenen VA (oder den beantragten VA) erlassen hat (oder soll), zu richten.

Ausnahmsweise kann auch die Behörde selbst Klagegegner sein, soweit dies das Landesrecht bestimmt, vgl. § 78 I Nr. 2 VwGO.

Hinweis   § 78 VwGO regelt lediglich, gegen wen eine Anfechtungs- oder Verpflichtungsklage zu richten ist. Das dort zum Ausdruck kommende Rechtsträgerprinzip (Beklagter ist immer der Rechtsträger der handelnden oder unterlassenden Behörde) gilt aber auch für alle anderen Klagearten. Es gilt dann § 78 VwGO analog.

Nach § 79 I Nr. 1 VwGO ist Gegenstand der Anfechtungsklage der ursprüngliche VA in der Gestalt, die er durch den Widerspruchsbescheid gefunden hat. Damit ist die Klage gegen den *Rechtsträger der Ausgangsbehörde* zu richten.

Geht es um die isolierte Anfechtung eines Widerspruchsbescheids, ist die Klage gegen den *Rechtsträger der Widerspruchsbehörde* zu richten, vgl. § 78 II VwGO.

Die **Landratsämter** haben eine Doppelfunktion. Sie sind sowohl Behörden des jeweiligen Landkreises (vgl. die jeweiligen Landkreisordnungen) als auch untere Verwaltungsbehörden und damit Landesbehörden (vgl. die jeweiligen Landesverwaltungsgesetze). Ist handelnde Behörde das Landratsamt, muss deshalb zur Klärung des Klagegegners zunächst geprüft werden, ob das Landratsamt als Kreis- oder als Landesbehörde tätig wurde. Als Kreisbehörde wird das Landratsamt tätig, wenn es Aufgaben des Landkreises (die Aufgaben ergeben sich aus den jeweiligen Landkreisordnungen) erfüllt. Nimmt es dagegen rein staatliche Aufgaben war, handelt es als untere Verwaltungsbehörde und damit als Staatsbehörde.

Voraussetzung für die Zulässigkeit einer Klage ist, dass der Rechtsstreit nicht **rechtshängig** ist. Das ist dann der Fall, wenn schon vorher ein Verfahren mit demselben Streitgegenstand anderweitig rechtshängig gemacht wurde, vgl. § 173 VwGO i. V. m. § 17 I S.2 GVG.

Die Klage ist auch dann unzulässig, wenn bzgl. des geltend gemachten Klagebegehrens bereits eine **rechtskräftige Entscheidung** vorliegt, vgl. dazu auch § 173 VwGO i. V. m. §§ 325 ff ZPO und § 121 VwGO. Dabei handelt es sich aber eigentlich gar nicht um eine eigenständige Zulässigkeitsvoraussetzung, vielmehr fehlt es beim Vorliegen einer rechtskräftigen Entscheidung in der gleichen Sache am Rechtsschutzbedürfnis, vgl. unter f).

Sinn und Zweck dieser Regelungen ist die Verhinderung einer Mehrfachbelastung der Gerichte und einer Gefährdung des Rechtsfriedens und der Rechtssicherheit durch die Gefahr sich widersprechender Gerichtsentscheidungen.

Das **allgemeine Rechtsschutzbedürfnis** (Rechtsschutzinteresse) ist eine erforderliche Zulässigkeitsvoraussetzung, die den Missbrauch des grundsätzlich bestehenden Anspruchs auf gerichtliche Sachentscheidung verhindern soll.

Ein Rechtsschutzbedürfnis/Interesse liegt nur dann vor, wenn der Kläger mit dem von ihm angestrengten gerichtlichen Verfahren ein *rechtsschutzwürdiges Interesse* verfolgt.

Am Rechtsschutzbedürfnis fehlt es konkret dann, wenn der Kläger den angestrebten Erfolg auch *auf einfachere, schnellere und/oder billigere Art und Weise erreichen kann* oder wenn der Kläger *rechtsmissbräuchlich handelt*.

> **Bsp.:** *Am Rechtsschutzbedürfnis fehlt es, wenn in der gleichen Sache schon eine rechtskräftige Entscheidung vorliegt.*
>
> *Am Rechtsschutzbedürfnis fehlt es auch bei isolierten Anfechtungsklagen gegen Versagungsbescheide, da hier nur mit der Verpflichtungsklage der Erlass des begehrten VA erreicht werden kann.*

Klausur-
hinweis
In der **Klausur** spielt das allgemeine Rechtsschutzbedürfnis bei der Anfechtungsklage regelmäßig keine Rolle.

Fall 5:

Zur Aufbesserung ihres Haushaltsplanes wurde im Mai 2005 vom Gemeinderat der Gemeinde G die Hundesteuersatzung dergestalt geändert, dass rückwirkend zum 1.1.2004 ein Zuschlag von 25 % zu zahlen sei. Hundebesitzer H erhält daraufhin am 25.6.2005 einen Bescheid, wonach er für das Jahr 2004 zusätzlich 40 EUR Hundesteuer zahlen muss. A erhebt nach eine Woche Klage beim Verwaltungsgericht. Die Gemeinde rügt das Fehlen eines Vorverfahrens. Im Übrigen sei der Bescheid rechtmäßig, da die rückwirkende Erhöhung der Steuer aus zwingenden Gründen des Gemeinwohls erforderlich sei. Ist die Klage zulässig?

Lösungsvorschlag

Der **Verwaltungsrechtsweg** ist mangels einer aufdrängenden Sonderzuweisung nach § 40 I VwGO eröffnet, wenn es sich um eine öffentlich-rechtliche Streitigkeit nichtverfassungs-rechtlicher Art handelt, für die keine abdrängende Sonderzuweisung besteht.

Streitgegenstand ist der Zahlungsbescheid, der A zur nachträglichen Zahlung einer erhöhten Hundesteuer verpflichtet. Die Zahlungsverpflichtung ist in der Hundesteuer-satzung geregelt. Die streitentscheidende Norm ist gemäß der modifizierten Subjektstheorie eine öffentlich-rechtliche Norm, da die Satzung einseitig die Gemeinde berechtigt, Abgaben zu erheben. Es handelt sich um eine Streitigkeit auf dem Gebiet des öffentlich-rechtlichen Kommunalabgabenrechts. Eine abdrängende Sonderzuweisung ist nicht ersichtlich, der Verwaltungsrechtsweg ist gemäß § 40 I VwGO eröffnet.

Die Anfechtungsklage ist **statthafte Klageart**, wenn A die Aufhebung eines belastenden VA begehrt, der sich noch nicht erledigt hat.

A begehrt hier die Aufhebung des Hundesteuerbescheids. Bei diesem Bescheid handelt es sich um die hoheitliche Maßnahme einer Behörde auf dem Gebiet des öffentlichen Rechts. Durch den Bescheid wird A zur Zahlung von 40,- EUR verpflichtet. Es handelt sich somit um eine konkret-individuelle Regelung mit Außenwirkung und damit um eine Einzelfallregelung. Bei dem Bescheid handelt es sich um einen VA i.S.v § 35 VwVfG. Der VA hat sich noch nicht erledigt, so dass die Anfechtungsklage statthafte Klageart ist.

Gemäß § 42 II VwGO ist der Kläger nur dann **klagebefugt**, wenn er geltend machen kann, durch den VA in seinen Rechten verletzt zu sein. Es muss die Möglichkeit bestehen, dass der Kläger durch den VA in einem subjektiven öffentlichen Recht verletzt wird. Gemäß der Adressatentheorie besteht die Möglichkeit einer Rechtsverletzung jedenfalls immer dann, wenn sich der Kläger gegen einen an ihn gerichteten, belastenden VA wehrt. Denn ein belastender VA greift stets in Grundrechte (zumindest in Art. 2 I GG) ein, eine Rechtsverletzung liegt daher immer dann vor, wenn der VA rechtswidrig ist. A als Adressat des belastenden Bescheids (der ihn zur Zahlung verpflichtet) ist damit klagebefugt.

Gemäß § 68 I S.1 VwGO ist die Durchführung eines ordnungsgemäßen **Widerspruchsverfahrens** Voraussetzung für die Zulässigkeit der Anfechtungsklage, soweit es nicht ausnahmsweise nach § 68 I S.2 VwGO entbehrlich ist.

Im vorliegenden Fall hat A sofort Klage erhoben, ohne dass einer der Ausnahmefälle des § 68 I S.2 VwGO vorlag.

Die Durchführung eines ordnungsgemäßen Widerspruchsverfahrens ist aber auch dann ausnahmsweise entbehrlich, *wenn der Zweck des Widerspruchsverfahrens (die Selbstkontrolle der Verwaltung) schon erreicht wurde oder offensichtlich nicht mehr erreicht werden kann.*

Deshalb soll aus Gründen der Prozessökonomie das Vorverfahren auch dann entbehrlich sein, wenn sich der Beklagte auf die Klage sachlich einlässt, selbst dann, wenn dies nur hilfsweise geschieht. Aus der sachlichen Einlassung der Behörde ergebe sich, dass die Widerspruchsbehörde dem Widerspruchsbescheid nicht stattgeben würde und deshalb wäre ein Beharren auf die Durchführung eines Widerspruchsverfahrens bei einem solchen Sachverhalt nur unnötiger Formalismus.

Eine andere Auffassung verweist dagegen darauf, dass die Regelung über das Vorverfahren zwingendes Recht sei und deshalb nicht zur Disposition der Beteiligten stehe. Außerdem werde die Entscheidungsebene der Widerspruchsbehörde (regelmäßig die nächsthöhere Behörde) übergangen. Nach dieser Auffassung wäre die Klage unzulässig, wenn ein Widerspruch nicht mehr fristgerecht eingereicht werden kann.

Dem Sinn des Widerspruchsverfahrens ist auch dann Genüge getan, wenn die Behörde anstelle eines förmlichen Widerspruchsbescheids im verwaltungsgerichtlichen Verfahren unmissverständlich zum Ausdruck bringt, dass sie den Einwendungen des Klägers nicht abhelfen will. Allerdings macht die Einlassung des Beklagten bei Ermessensentscheidungen das Widerspruchsverfahren nur dann entbehrlich, *wenn der Beklagte mit der Widerspruchsbehörde identisch ist, da sonst dem Beklagten eben eine Ermessensebene abgeschnitten würde.*

Im vorliegenden Fall handelt es sich um eine gebundene Entscheidung, zudem ist die Gemeindeverwaltung in Selbstverwaltungsangelegenheiten auch Widerspruchsbehörde, vgl. § 73 I S.2 Nr. 3 VwGO. Somit ist hier die Durchführung eines ordnungsgemäßen Widerspruchsverfahrens ausnahmsweise entbehrlich.

Für die **Klagefrist** gilt § 74 I S. 2 VwGO analog. Die Klage muss damit bei Entbehrlichkeit des Widerspruchsverfahrens innerhalb eines Monats nach Bekanntgabe des VA erhoben werden. A hat hier nach einer Woche und damit fristgerecht Klage erhoben.

Richtiger **Klagegegner** ist gemäß § 78 I Nr. 1 VwGO die Körperschaft, deren Behörde den angefochtenen VA erlassen hat. Damit ist die Gemeinde richtiger Klagegegner (soweit nicht durch Landesrecht geregelt wurde, dass Anfechtungs- und Verpflichtungsklage gegen die Behörde selbst zu richten ist, vgl. § 78 I Nr. 2 VwGO).

Damit ist die Klage des A zulässig.

1. Wann liegt die Klagebefugnis nach der Möglichkeitstheorie vor?

Die Klagebefugnis ist dann gegeben, wenn die Möglichkeit besteht, dass der Kläger in einem subjektiven öffentlichen Recht verletzt wird.

2. Für welche Fälle der Anfechtungsklage muss bei der Frage der Klagebefugnis auf die Möglichkeitstheorie zurückgegriffen werden?

Die Bestimmung der Klagebefugnis nach der Möglichkeitstheorie ist nur in den sog. Drittbeteiligungsfällen erforderlich, sprich wenn sich der Kläger gegen den an einen anderen gerichteten, diesen begünstigenden VA (sog. VA mit Doppelwirkung) wehrt.

3. Warum ist beim Adressat eines belastenden VA die Klagebefugnis immer gegeben?

Beim Adressaten eines belastenden VA besteht immer die Möglichkeit, dass er zumindest in seinem Grundrecht auf allgemeine Handlungsfreiheit gem. Art. 2 I GG verletzt wird.

4. Wie gehen Sie in der Klausur vor, wenn die Adressatentheorie nicht zur Anwendung kommt?

Es ist zu klären, ob die Möglichkeit besteht, dass der Kläger in einem subjektiven Recht verletzt wird. Dazu muss zunächst eine Rechtsnorm gefunden werden, die durch den angegriffenen VA verletzt sein könnte. Dann ist zu klären, ob diese Rechtsnorm auch dem Schutz von Individualinteressen dient und falls ja, ob der Kläger zum geschützten Personenkreis gehört, sprich ob sich aus der Rechtsnorm ein subjektives Recht des Klägers ergibt bzw. ergeben könnte.

5. Was versteht man unter einem subjektiven öffentlichen Recht?

Ein subjektives öffentliches Recht beinhaltet einen Anspruch des Bürgers gegen den Staat. Man versteht darunter also eine dem Einzelnen auf Grund öffentlichen Rechts verliehene Rechtsmacht, vom Staat oder einem sonstigen Träger öffentlicher Verwaltung ein bestimmtes Verhalten verlangen zu können.

6. Woran erkennt man Rechtsnormen, die subjektive Rechte begründen?

Zum Teil eindeutig an der Formulierung, zum Teil muss aber auch durch Auslegung bestimmt werden, ob die Rechtsnorm lediglich die Interessen der Allgemeinheit schützen soll oder aber zumindest auch dem Schutz von Individualinteressen dient.

7. Wie hoch sind die Anforderungen an die Möglichkeit der Verletzung eines subjektiven Rechts?

Die Möglichkeit einer Rechtsverletzung ist nur dann zu verneinen, wenn die Verletzung eines subjektiven Rechtes ganz offensichtlich nicht in Betracht kommt.

8. Wo ist geregelt, unter welchen Voraussetzungen bei der Anfechtungsklage ein Widerspruchsverfahren ausnahmsweise entbehrlich ist?

In § 68 I S. 2 VwGO.

9. Nach welcher Normenkette erfolgt die Berechnung der Widerspruchsfrist?

Die Fristberechnung erfolgt entweder nach § 57 II VwGO i. V. m. § 222 I ZPO gemäß §§ 187 ff BGB oder nach § 79 VwVfG i. V. m. § 31 I VwVfG gemäß §§ 187 ff BGB.

10. Wann ist eine Klage trotz verfristetem Widerspruch ausnahmsweise dennoch zulässig?

Wenn die Widerspruchsbehörde trotz Verfristung über den Widerspruch entscheidet und es sich nicht um die Anfechtung eines begünstigenden VA durch einen Dritten handelt.

11. Nach welcher Normenkette erfolgt die Berechnung der Klagefrist?

Die Berechnung der Klagefrist erfolgt nach § 57 II VwGO i. V. m. 222 I ZPO gemäß §§ 187 ff BGB.

12. Welche weiteren Zulässigkeitsvoraussetzungen gibt es noch?

Die Zuständigkeit des angerufenen Gerichtes, die ordnungsgemäße Klageerhebung, die Beteiligten- und Prozessfähigkeit, der Klagegegner, die fehlende anderweitige Rechtskraft oder Rechtshängigkeit und das allgemeine Rechtsschutzbedürfnis.

II. Die Begründetheitsprüfung der Anfechtungsklage

Nach § 113 I S. 1 VwGO ist die Anfechtungsklage begründet, soweit der VA rechtswidrig ist und der Kläger dadurch in seinen Rechten verletzt wird.

Rechtswidrig ist ein VA, wenn er gegen geltendes Recht verstößt.

Um rechtmäßig zu sein, muss der belastende VA bestimmte formelle Anforderungen (Zuständigkeit, Verfahren und Form) und materielle Voraussetzungen (Ermächtigungsgrundlage, fehlerfreie Ermessensausübung, ...) erfüllen.

Hinweis

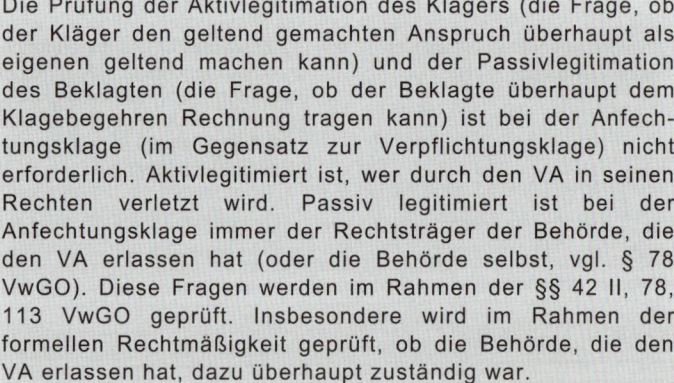

Die Prüfung der Aktivlegitimation des Klägers (die Frage, ob der Kläger den geltend gemachten Anspruch überhaupt als eigenen geltend machen kann) und der Passivlegitimation des Beklagten (die Frage, ob der Beklagte überhaupt dem Klagebegehren Rechnung tragen kann) ist bei der Anfechtungsklage (im Gegensatz zur Verpflichtungsklage) nicht erforderlich. Aktivlegitimiert ist, wer durch den VA in seinen Rechten verletzt wird. Passiv legitimiert ist bei der Anfechtungsklage immer der Rechtsträger der Behörde, die den VA erlassen hat (oder die Behörde selbst, vgl. § 78 VwGO). Diese Fragen werden im Rahmen der §§ 42 II, 78, 113 VwGO geprüft. Insbesondere wird im Rahmen der formellen Rechtmäßigkeit geprüft, ob die Behörde, die den VA erlassen hat, dazu überhaupt zuständig war.

Bei der Verpflichtungsklage dagegen muss im Rahmen der Passivlegitimation geprüft werden, von welchem Rechtsträger (oder Behörde) der Erlass des begehrten VA überhaupt verlangt werden kann (ist der Beklagte für den Erlass des begehrten VA nicht zuständig, kann ihm gegenüber auch kein Anspruch auf Erlass des VA bestehen, die Klage ist dann unbegründet). Dazu ist es erforderlich, zu klären, welche Behörde für den Erlass zuständig ist, siehe dazu VerwR 2.

1) Die Ermächtigungsgrundlage

Aufgrund der sich aus Art. 20 III GG ergebenden **Bindung der Verwaltung an Gesetz und Recht** benötigt die Verwaltung für den Erlass eines VA grundsätzlich eine **Ermächtigungsgrundlage**. Ein VA, der ohne erforderliche Ermächtigungsgrundlage erlassen wurde, verstößt gegen das Prinzip vom Vorbehalt des Gesetzes und ist deshalb rechtswidrig.

| Exkurs | **Gesetzmäßigkeit der Verwaltung, Vorrang und Vorbehalt des Gesetzes** |

Aus dem Grundsatz der Gesetzmäßigkeit der Verwaltung (Art. 20 III GG), nach dem die Verwaltung an Gesetz und Recht gebunden ist, ergibt sich das Prinzip des Vorrangs des Gesetzes und des Vorbehalts des Gesetzes.

Das **Prinzip vom Vorrang des Gesetzes** bedeutet, dass die Verwaltung bei ihrer Tätigkeit nicht gegen Rechtsnormen verstoßen darf; man spricht hier von der sog. Gesetzesbindung der Verwaltung. Dieses Prinzip ist selbstverständlich und gilt für jede Art von Verwaltungstätigkeit.

Das **Prinzip vom Vorbehalt des Gesetzes** bedeutet, das die Verwaltung nur dann handeln darf, wenn ihr dies durch eine Rechtsnorm gestattet ist.

Da aber nicht alle wirklichen oder denkbaren Maßnahmen der Verwaltung gesetzlich geregelt werden können, kann das Prinzip des Vorbehalts des Gesetzes nicht uneingeschränkt gelten. Fraglich ist deshalb, wann das Verwaltungshandeln einem Gesetzesvorbehalt unterliegt und wann nicht. Dabei stellt sich diese Frage nur, soweit eine gesetzliche Regelung des Verwaltungshandelns nicht vorhanden ist. Ansonsten müssen die erlassenen Gesetze angewendet werden, es spielt dann keine Rolle, ob der Erlass aufgrund eines Gesetzesvorbehalts erforderlich war oder nicht. Die Nichtbeachtung einer vorhandenen Ermächtigungsgrundlage wäre dann ein Verstoß gegen das Prinzip vom Vorrang des Gesetzes.

a) Auffinden der einschlägigen Ermächtigungsgrundlage

Ermächtigungsgrundlagen sind Rechtsnormen, die das Recht der Verwaltungsbehörde begründen, eine Regelung zu treffen (und im Rahmen der Anfechtungsklage speziell einen VA zu erlassen).

Aus der jeweiligen Ermächtigungsgrundlage ergeben sich die Voraussetzungen, die vorliegen müssen, damit die Verwaltung den VA erlassen darf. Zudem können sich aus ihr auch bestimmte formelle Anforderungen an das Handeln der Verwaltung ergeben.

Zur Klärung der Frage, ob der erlassene VA formell und materiell rechtmäßig ist, *muss deshalb zunächst diese Ermächtigungsgrundlage gefunden werden, aufgrund derer der VA erlassen wurde.*

Klausur-hinweis
Kommen für den Erlass des angegriffenen VA mehrere Ermächtigungsgrundlagen in Betracht, müssen in der **Klausur** alle in Betracht kommenden Ermächtigungsgrundlagen zumindest angeprüft werden. So kann z. B. festgestellt werden, dass die in Betracht gezogene Ermächtigungsgrundlage wegen fehlender Zuständigkeit doch nicht in Betracht kommt, oder aber erst später, dass deren Tatbestandsvoraussetzungen nicht vorliegen.

Bei mehreren in Betracht kommenden Ermächtigungsgrundlagen bedeutet das dann noch nicht die Rechtswidrigkeit des VA, sondern nur, dass die geprüfte Ermächtigungsgrundlage nicht einschlägig ist.

Bei der Suche nach der einschlägigen Ermächtigungsgrundlage (also der Frage, auf welche Rechtnorm der erlassene VA gestützt wird) gehen die speziellen Regelungen den allgemeinen vor.

Bsp.: Die im Polizeirecht geregelten Spezialermächtigungen gehen der polizeirechtlichen Generalklausel vor. Ist eine solche spezielle Ermächtigung (z.B. die Ermächtigungsgrundlage zur Durchsuchung einer Person) einschlägig, darf nicht auf die Generalklausel zurückgegriffen werden.

Wird eine Person von der Polizei durchsucht, müssen die Tatbestandsvoraussetzungen der Spezialermächtigung für die Durchsuchung von Personen vorliegen. Das Vorliegen einer Gefahr für die öffentliche Sicherheit ermächtigt die Polizei zwar zu Handlungen, um diese Gefahr zu beseitigen. Für die Rechtmäßigkeit speziell einer Durchsuchungsmaßnahme müssen aber die speziellen Voraussetzungen der Spezialermächtigung vorliegen. Ist dies nicht der Fall, ist die Durchsuchung rechtswidrig, auch wenn das Vorliegen einer Gefahr für die öffentliche Sicherheit bejaht werden könnte.

Die speziellen Ermächtigungsgrundlagen befinden sich in den jeweiligen Spezialgesetzen.

Bsp.: Die Eingriffsermächtigung(en) für Maßnahmen zur Gefahrenabwehr befinden sich in den Polizeigesetzen der Länder. Die noch spezielleren Ermächtigungsgrundlagen zur Gefahrenabwehr speziell bei Versammlungen finden sich im VersG (z. B. § 15 I VersG). Ermächtigungsgrundlagen in Bezug auf die Ausübung eines Gewerbes befinden sich in der Gewerbordnung, geht es um eine Gaststätte, geht das speziellere GastG vor.

Als Ermächtigungsgrundlage kommen sowohl formelle Gesetze als auch Rechtsverordnungen und Satzungen in Betracht. Verwaltungsvorschriften dagegen genügen nicht als Ermächtigungsgrundlage. Bei ihnen handelt es sich um staatliches Innenrecht ohne Außenwirkung und damit nicht um Rechtsnormen.

Exkurs | **Rechtsnormen**

Unter Gesetz und Recht i. S. von Art. 20 III GG, an das die Verwaltung gebunden ist, versteht man die Summe der geltenden Rechtsnormen. Man unterscheidet zwischen fünf grundlegenden „Rechtsnormarten":
- Das **Verfassungsrecht** wird gebildet aus den Vorschriften des Grundgesetzes und der Landesverfassungen.
- **Formelle Gesetze** sind Regelungen, die auf dem in der Verfassung vorgesehenen Wege, insbesondere durch Beschluss des Parlaments, erlassen worden sind (auch Verfassungsgesetze sind also formelle Gesetze), also Rechtsnormen, die von der Legislative erlassen wurden.
- **Rechtsverordnungen** sind Regelungen der Regierung oder nachgeordneter Verwaltungsbehörden aufgrund einer formell-gesetzlichen Ermächtigung, also Rechtsnormen die von der Exekutive erlassen wurden.
- Öffentlich-rechtliche **Satzungen** werden von den Gebietskörperschaften des öffentlichen Rechts (Gemeinden und Kreise) zur Regelung eigener Angelegenheiten erlassen.
- **Gewohnheitsrecht** liegt vor, wenn eine bestimmte Regel (die nicht gesetzlich normiert ist) aufgrund seiner Geschichte als verbindlich angesehen wird.

Nur wenn es an einer speziellen Ermächtigungsgrundlage fehlt, kommen allgemeine (und grundsätzlich subsidiäre) Normen in Betracht.

Bsp.: Für Maßnahmen der Polizei zur Gefahrenabwehr greift die Generalklausel des PolG nur dann, wenn es für die spezielle Maßnahme keine spezielle Ermächtigungsgrundlage gibt.

Die §§ 48, 49 VwVfG kommen als Ermächtigungsgrundlage für die Rücknahme oder den Widerruf eines VA dann in Betracht, wenn keine Sonderregelung vorliegt, vgl. unter III. 2).

b) Rechtswirksamkeit der Ermächtigungsgrundlage

Voraussetzung für die Rechtmäßigkeit eines VA ist, dass die ihm *zugrundeliegende Ermächtigungsgrundlage nicht gegen höherrangiges Recht verstößt*. Eine Norm, die gegen höherrangiges Recht verstößt, ist rechtswidrig oder verfassungswidrig und deshalb nichtig. Stützt sich die Verwaltungsmaßnahme auf eine unwirksame (nichtige) Norm, handelt die Verwaltung in Wirklichkeit ohne Ermächtigungsgrundlage, es liegt folglich ein Verstoß gegen den Gesetzesvorbehalt vor, der VA ist rechtswidrig.

Bsp.: Die Haustiersatzung einer Gemeinde, die generell die Besteuerung von allen Haustieren vorsieht, ist rechtswidrig, wenn der Landesgesetzgeber in den entsprechenden Abgabengesetzen ausdrücklich nur die Hundesteuer zugelassen hat. Die Satzung verstößt dann gegen höherrangiges Recht und damit gegen den Vorrang des Gesetzes. Sie ist folglich nichtig. Ein aufgrund der Satzung erlassener Steuerbescheid verstößt gegen den Vorbehalt des Gesetzes und ist damit rechtswidrig.

Hinweis Im Gegensatz zu Verwaltungsakten sind rechtswidrige Rechtsnormen immer nichtig, vgl. 1. Kapitel unter 2).

Wenn die Ermächtigungsgrundlage ein **formelles Gesetz** darstellt, muss dieses formell ordnungsgemäß erlassen worden sein und darf nicht gegen Grundrechte verstoßen.

Handelt es sich bei der Ermächtigungsgrundlage um eine **Rechtsverordnung** (oder eine Satzung), muss sowohl die Ermächtigungsgrundlage selbst als auch ihre Ermächtigungsnorm, die die Verwaltung zum Erlass der Rechtsverordnung (oder der Satzung) ermächtigt, rechtmäßig (und damit wirksam) sein. Eine Rechtsverordnung ist rechtswidrig und damit nichtig, *wenn sie keine ausreichende, dem Art. 80 I GG genügende Ermächtigungsgrundlage besitzt, nicht formell ordnungsgemäß zustande gekommen ist, inhaltlich nicht der Ermächtigungsgrundlage entspricht oder nicht mit sonstigem höherrangigem Recht vereinbar ist.*

Exkurs   **Ermächtigung zum Erlass von Rechtsverordnungen**

Aufgrund der Gewaltenteilung ist für den Erlass von Rechtsnormen grundsätzlich die Legislative zuständig. Häufig ist das förmliche Gesetzgebungsverfahren aber zu langwierig und kompliziert, um schnell auf sich ändernde Begebenheiten zu reagieren, so dass in bestimmten Fällen auch die Exekutive zum Erlass von Rechtsnormen (sog. Rechtsverordnungen) in der Lage sein muss. Um nicht gegen das Prinzip der Gewaltenteilung zu verstoßen, muss die Exekutive dann aber immer von der Legislative durch ein formellen Gesetz zum Erlass einer solchen Rechtsverordnung ermächtigt werden, vgl. Art. 80 I S.1 GG.

Bevor die Unwirksamkeit einer Rechtsnorm wegen Verstoßes gegen ein höherrangiges Recht festgestellt wird, ist zu prüfen, ob nicht eine **verfassungs- bzw. gesetzeskonforme Auslegung** möglich ist. Eine Rechtsnorm ist nur dann unwirksam, wenn *bei mehreren in Betracht kommenden Auslegungsmöglichkeiten keine mit dem höherrangigen Recht vereinbar ist.*

Bsp.: Die Verwaltung möchte einem Straßenkünstler das Auftreten in der Fußgängerzone untersagen. Als Ermächtigungsgrundlage kommt die Generalermächtigung des PolG in Betracht. Bei der Auslegung des Begriffes der Störung der öffentlichen Sicherheit oder Ordnung muss berücksichtigt werden, dass es sich um eine durch Art. 5 III GG geschützte Kunstausübung handelt. Die Auslegung kann zu dem Ergebnis kommen, dass eine Gefahr für die öffentliche Sicherheit oder Ordnung nicht vorliegt.

Folge der Unwirksamkeit einer Rechtsnorm

Eine unwirksame Rechtsnorm ist nichtig. Für nachkonstitutionelle Parlamentsgesetze (also bei formellen Gesetzen, die nach Inkrafttreten der Verfassung erlassen wurden) hat das Bundesverfassungsgericht das Verwerfungsmonopol. Kommt das Verwaltungsgericht zu der Auffassung, dass ein formelles Gesetz gegen Verfassungsrecht verstößt und verfassungswidrig ist, ist es deshalb nicht befugt, die Nichtigkeit des Gesetzes festzustellen. Vielmehr muss es nach Art. 100 I GG die Streitigkeit dem Verfassungsgericht vorlegen. Dieses entscheidet dann verbindlich über die Verfassungsmäßigkeit der Norm. Rechtsverordnungen und Satzungen dagegen können auch von den Verwaltungsgerichten für nichtig erklärt werden, vgl. § 47 VwGO.

Klausur-   In der **Klausur** ist die Überprüfung der Ermächtigungs-
hinweis   grundlage auf ihre Rechtmäßigkeit nur dann erforderlich, wenn hierfür im Sachverhalt Anhaltspunkte vorliegen. Dies kommt insbesondere dann in Betracht, wenn es um fiktive Normen geht, also um Ermächtigungsgrundlagen, die es in Wirklichkeit nicht gibt.

c) Entbehrlichkeit einer Ermächtigungsgrundlage

Stellt sich heraus, dass dem Verwaltungshandeln (hier der Erlass eines VA) keine Ermächtigungsgrundlage zugrunde liegt, muss geklärt werden, ob im konkreten Fall *ausnahmsweise* die Verwaltung auch ohne Ermächtigungsgrundlage zur Vornahme der Maßnahme (im Rahmen der Anfechtungsklage zum Erlass des VA) berechtigt ist oder ob ein Verstoß gegen den Gesetzesvorbehalt vorliegt.

Kommt man zu dem Ergebnis, dass das konkrete Verwaltungshandeln dem Gesetzesvorbehalt unterliegt, eine Ermächtigungsgrundlage aber nicht vorliegt, ist der VA rechtswidrig.

Zu unterscheiden ist hier zwischen der **Eingriffsverwaltung** und der **Leistungsverwaltung**.

Im Rahmen der Anfechtungsklage lassen sich zwei Fallgruppen unterscheiden:
- Der Kläger wehrt sich **als Adressat** des VA gegen einen ihn belastenden Eingriff durch die Verwaltung oder
- der Kläger wehrt sich gegen den **einen Dritten begünstigenden VA**, durch den er belastet wird (VA mit Doppelwirkung).

> **Bsp.:** *Der Betroffene klagt gegen eine an ihn gerichtete Verfügung, die ihn zum Abriss seiner baufälligen Mauer verpflichtet.*
>
> *Der Betroffene klagt gegen die Subventionsbewilligung eines Konkurrenten.*

Im ersten Fall handelt es sich um sog. **Eingriffsverwaltung**. In diesem Bereich benötigt die Verwaltung *immer* eine Ermächtigungsgrundlage, das Prinzip vom Vorbehalt des Gesetzes gilt uneingeschränkt. Grund hierfür ist, dass durch eine belastende Maßnahme immer in ein Grundrecht eingegriffen wird (zumindest in Art. 2 I GG) und ein Grundrechtseingriff immer eine gesetzliche Grundlage benötigt, um gerechtfertigt zu sein.

Im zweiten Fall handelt es sich um sog. **Leistungsverwaltung**. Hier ist zu differenzieren:

Nach der **Wesentlichkeitstheorie** des BVerfG müssen "*alle für das Gemeinwesen wesentlichen Entscheidungen durch den Gesetzgeber getroffen werden.*" In diesem Bereich darf der Exekutive die Entscheidung nicht allein überlassen werden.

Wesentliche Entscheidungen in diesem Sinne sind Entscheidungen, die den *grundrechtlich geschützten Freiheitsbereich von Individuen berühren*. Dabei kann die Gewährung einer Vergünstigung den Freiheitsbereich eines Dritten ebenso hart treffen wie ein Eingriff.

Subventionen, also die Gewährung von staatlichen Leistungen, unterliegen grundsätzlich *nicht* dem Gesetzesvorbehalt (soweit es nicht gleichzeitig um wesentliche Entscheidungen im Sinne der Wesentlichkeitstheorie geht).

Wird allerdings mit der Subventionierung gleichzeitig in die Grundrechtssphäre eines Dritten eingegriffen, wird eine Ermächtigungsgrundlage benötigt.

> **Bsp.:** *Pressesubventionierungen dürfen nach der Wesentlichkeitstheorie nur auf Grundlage eines formellen Gesetzes vergeben werden, da die Subventionierung eines Presseunternehmens die Wettbewerbsstellung eines konkurrierenden Unternehmens verschlechtert und somit in dessen durch Art. 5 GG gewährleistete Pressefreiheit eingreift.*

Dabei ist zu beachten, dass insbesondere das Grundrecht der Berufsfreiheit, Art. 12 GG, nicht vor Konkurrenz schützen soll. Begünstigungen einzelner Unternehmen unterliegen deshalb nicht dem Gesetzesvorbehalt.

Hinweis Das Problem der fehlenden Ermächtigungsgrundlage kommt insbesondere im Subventionsrecht vor, weshalb diese Problematik im Rahmen der Verpflichtungsklage erörtert wird, siehe dazu VerwR 2.

2) Die formelle Rechtmäßigkeit des VA

Die formelle Rechtmäßigkeit bezieht sich auf das Zustandekommen des VA. Zu prüfen ist, ob der VA von der zuständigen Stelle unter Beachtung der vorgeschriebenen Verfahrensregelungen und in der gebotenen Form erlassen wurde.

> **Der VA ist formell rechtmäßig, wenn die zuständige Behörde gehandelt hat und die Verfahrens- und Formvorschriften eingehalten (bzw. geheilt) wurden.**

Zuständigkeits-, Verfahrens- und Formfehler *haben nicht zwangsweise die Rechtswidrigkeit des VA zur Folge.* Wie sich formelle Fehler auf die Wirksamkeit und Rechtmäßigkeit eines VA auswirken, wird in den **§§ 44, 45** und **46 VwVfG** geregelt.

§ 46 VwVfG regelt, unter welchen Voraussetzungen Zuständigkeits-, Verfahrens- oder Formfehler **unbeachtlich** sind. § 45 VwVfG regelt, wann Verfahrens- oder Formfehler **heilbar** sind und § 44 VwVfG regelt, welche Fehler zur **Nichtigkeit** des VA führen.

Klausur-
hinweis

> In der **Klausur** ist deshalb immer dann, wenn ein formeller Fehler festgestellt wird, weiter zu prüfen, was der Fehler gemäß den §§ 44, 45 und 46 VwVfG für Folgen in Bezug auf die Rechtmäßigkeit des VA hat.

Exkurs   **Die Regelungen der §§ 44, 45 und 46 VwVfG**

> Entspricht ein VA nicht den rechtlichen Anforderungen, ist er fehlerhaft. Er ist aber nicht automatisch auch rechtswidrig. Je nach Schweregrad des "Fehlers" lassen sich verschiedene "Fehlerfolgen" unterscheiden:
> - **Offenkundige, schwerwiegende Fehler** führen gemäß § 44 VwVfG zur *Nichtigkeit* (und damit zur Unwirksamkeit, vgl. § 43 III VwVfG) des VA.
> - **Heilbare Verfahrens- und Formfehler** sind im Falle ihrer Heilung nach § 45 VwVfG *unbeachtlich*.
> - **formelle Fehler**, die sich nicht auf die Entscheidung auswirken konnten, sind nach § 46 VwVfG *unbeachtlich*.
> - **offensichtliche Unrichtigkeiten** sind unter den Voraussetzungen des § 42 VwVfG *unbeachtlich*.
> - **alle sonstigen Fehler** führen zur Vernichtbarkeit des VA, d. h. der VA ist zwar wirksam, aber rechtswidrig und damit *anfechtbar*.

Ein **nichtiger VA** wird nicht wirksam, er ist "nicht existent" und kann folglich ignoriert werden. Zu beachten ist, dass *auch nichtige VA anfechtbar sind*, obwohl hier eigentlich eine auf die Feststellung der Nichtigkeit gerichtete Feststellungsklage statthafte Klageart wäre. Dem Betroffenen kann es jedoch nicht zugemutet werden, dass er auf die Nichtigkeit vertraut. Eine Feststellungsklage wäre unbegründet, wenn sich herausstellt, dass der VA "bloß" rechtswidrig und nicht nichtig ist. Die Anfechtungsklage gegen einen nichtigen VA ist deshalb begründet.

Nichtigkeit von VA

Nach § 44 I VwVfG ist ein VA **nichtig**, soweit er an einem *besonders schwerwiegenden Fehler leidet* und dies bei verständiger Würdigung aller in Betracht kommenden Umstände *offenkundig* ist. § 44 II VwVfG regelt, welche Rechtsverstöße immer zur Nichtigkeit des VA führen und § 44 III VwVfG regelt, welche Rechtsverstöße nie zur Nichtigkeit führen. Bei der Prüfung der Nichtigkeit eines VA ist deshalb zunächst zu prüfen, ob ein die Nichtigkeit begründender bzw. ausschließender Tatbestand des § 44 II oder 44 III VwVfG vorliegt. Erst wenn keiner der aufgezählten Einzelfälle vorliegt, ist die Generalklausel des § 44 I VwVfG heranzuziehen und zu klären, ob der fragliche VA offensichtlich und schwerwiegend rechtswidrig und deshalb nichtig ist. Der VA muss also *"besonders schwerwiegend" rechtswidrig sein* und vor allem muss diese Rechtswidrigkeit offensichtlich, also eindeutig erkennbar sein.

Heilung von Verfahrens- und Formfehlern

§ 45 VwVfG regelt, welche Verfahrens- und Formfehler heilbar und im Falle einer erfolgten Heilung unbeachtlich sind. Die Heilung ist nach dem Bundes-VwVfG bis zum Abschluss des Gerichtsverfahrens möglich, vgl. § 45 II VwVfG.

Unbeachtlichkeit formeller Fehler nach § 46 VwVfG

Ist die Heilung eines Verfahrens- oder Formfehlers nicht möglich oder ist eine Heilung nicht erfolgt, kommt noch die Unbeachtlichkeit nach § 46 VwVfG in Betracht. § 46 VwVfG dient der Prozessökonomie und soll verhindern, dass ein materiell rechtmäßiger VA nur aufgrund eines formellen Fehlers aufzuheben ist, weil die Behörde dann ja sofort erneut einen VA mit identischem Inhalt erlassen kann. Dabei regelt § 46 VwVfG nicht die Frage, ob ein VA rechtmäßig oder rechtswidrig ist, sondern bei Vorliegen der Voraussetzungen *scheidet eine subjektive Rechtsverletzung des Klägers aus*.

a) Zuständigkeit

Die Zuständigkeit betrifft die Frage, welcher Verwaltungsträger und welches Verwaltungsorgan zur Wahrnehmung der verschiedenen Verwaltungsaufgaben zuständig ist.

Der VA muss von der örtlich und sachlich zuständigen Behörde erlassen worden sein.

Die **örtliche Zuständigkeit** bezieht sich auf den der Behörde zugewiesenen räumlichen Bereich, die **sachliche** auf die ihr übertragenen Verwaltungsaufgaben.

Für jede Verwaltungsmaßnahme ist eine bestimmte Behörde zuständig. Die Zuständigkeit ergibt sich aus speziellen oder allgemeinen Zuständigkeitsvorschriften.

Beachten Sie:

> Zuständigkeitsnormen sind von den Ermächtigungsgrundlagen zu unterscheiden.
> Sie regeln ausschließlich, welche Behörde für welche Maßnahmen zuständig ist und nicht ob, bzw. wann welche Maßnahmen ergriffen werden dürfen. Allerdings kann sich die zuständige Behörde auch direkt aus der Ermächtigungsgrundlage ergeben, so dass dann eine spezielle Zuständigkeitsnorm nicht mehr erforderlich ist.

Sofern Spezialgesetze fehlen, wird die **örtliche Zuständigkeit** durch § 3 VwVfG geregelt.

Ein Verstoß gegen die Vorschriften der *örtlichen Zuständigkeit* ist allerdings nach § 46 VwVfG grundsätzlich unbeachtlich, wenn die Verletzung offensichtlich ohne Einfluss auf die Sachentscheidung war. Abweichend hiervon führt ein Verstoß gegen § 3 I Nr.1 VwVfG dagegen nach § 44 II Nr. 3 VwVfG *sogar zur Nichtigkeit des VA*.

Im Rahmen der **sachlichen Zuständigkeit** stellt sich zunächst die Frage, welcher Verwaltungsträger (Bund, Land, Gemeinde, Anstalt oder Körperschaft des öffentlichen Rechts) für die Verwaltungsmaßnahme zuständig ist (sog. Verbandskompetenz).

Das Grundgesetz regelt in den Art. 83 – 87 GG, für welche Verwaltungsaufgaben der Bund und für welche Verwaltungsaufgaben das Land zuständig ist. Grundsätzlich sind die Länder für die Verwaltungsaufgaben zuständig, vgl. Art. 83 GG.

Steht der Verwaltungsträger fest, muss geklärt werden, welchem Verwaltungsorgan, bzw. genauer welcher Behörde die Verwaltungsaufgabe zugewiesen ist (sog. Organkompetenz). Da die Verwaltung grundsätzlich Sache der Länder ist, bestimmen regelmäßig die Ländergesetze, welche Behörde im Verwaltungsaufbau tatsächlich zuständig ist.

Im Normalfall regelt eine spezielle Zuständigkeitsnorm, welche Behörde für die konkrete Verwaltungsmaßnahme zuständig ist. Oder aber die zuständige Behörde ergibt sich direkt aus der Ermächtigungsgrundlage. Da jede Behörde zu einem bestimmten Verwaltungsträger gehört, muss die Verbandskompetenz nicht gesondert bestimmt werden. In der Zuständigkeitsnorm liegt zugleich die Aufgabenzuweisung an den Verwaltungsträger, zu dem die Behörde gehört.

Ausnahmsweise werden im Gesetz nur bestimmte Verwaltungsträger wie z. B. „die Gemeinde" für zuständig erklärt. Welches Organ bzw. welche Behörde (z.B. der Bürgermeister oder der Gemeinderat) zuständig ist, ergibt sich dann aus den jeweiligen speziellen Gesetzen wie z. B. der Gemeindeordnung.

Bsp.: Einem Gaststättenbesitzer wird seine nach § 2 I GastG erforderliche Erlaubnis zum Betrieb einer Gaststätte entzogen. - Ermächtigungsgrundlage für diesen belastenden VA ist § 15 GastG. Voraussetzung für die Rechtmäßigkeit der Entziehung ist u. a., dass die Entziehungsverfügung formell rechtmäßig ist. Es muss deshalb die örtlich und sachlich zuständige Behörde gehandelt haben. Die örtliche Zuständigkeit ergibt sich aus § 3 VwVfG. Fraglich ist, welche Behörde und damit auch welcher Verwaltungsträger für den Entzug der Erlaubnis sachlich zuständig ist. Aus der Ermächtigungsgrundlage (§ 15 GastG) geht nicht hervor, welche Behörde sachlich zuständig ist. Folglich muss eine spezielle Zuständigkeitsnorm gefunden werden. Aus § 30 GastG ergibt sich, dass die Landesregierungen ermächtigt sind, in Rechtsverordnungen die zuständigen Behörden zu bestimmen. Daraus geht zum einen hervor, dass Rechtsträger (und damit Klagegegner) das jeweilige Bundesland ist und zum anderen, dass sich die zuständige Behörde aus einer Rechtsverordnung ergeben muss. In Baden-Württemberg ist dies z. B. die Gaststättenverordnung. Aus § 1 I GastVO B-W ergibt sich, dass für die Ausführung des GastG die unteren Verwaltungsbehörden sachlich zuständig sind. Aus § 13 I Landesverwaltungsgesetz B-W ergibt sich dann weiter, dass in den Landkreisen die Landratsämter und in den Stadtkreisen die Gemeinden die unteren Verwaltungsbehörden sind.

Verstöße gegen die *sachliche Zuständigkeit* führen grundsätzlich zur Rechtswidrigkeit des VA. Ausnahmsweise kann auch Nichtigkeit nach § 44 I VwVfG vorliegen. § 46 VwVfG ist auf die sachliche Zuständigkeit nicht anwendbar, da er sich ausdrücklich nur auf die örtliche Zuständigkeit bezieht.

Hinweis Für die Frage der Zuständigkeit ist regelmäßig entscheidend, welche Ermächtigungsgrundlage dem Verwaltungshandeln zugrunde liegt. An dieser Stelle spielt es keine Rolle, ob die Ermächtigungsgrundlage tatsächlich eingreift, d.h. ob deren Tatbestandsvoraussetzungen vorliegen, sondern für die Zuständigkeit ist ausreichend, dass die Voraussetzungen vorliegen könnten und die Behörde ihre Maßnahme gerade auf diese Ermächtigungsgrundlage stützt.

b) Verfahren

Nach § 9 VwVfG versteht man unter **Verwaltungsverfahren i.S.d. VwVfG,**

die nach außen wirkende Tätigkeit der Behörden, die auf die Prüfung der Voraussetzungen, die Vorbereitung und den Erlass eines VA (oder auf den Abschluss eines öffentlich-rechtlichen Vertrages) gerichtet ist.

Grundsätzlich ist die Gestaltung des Verwaltungsverfahrens der Behörde überlassen, vgl. § 10 VwVfG. Das VwVfG regelt aber dennoch eine Reihe von Verfahrensvorschriften, die eingehalten werden müssen.

| Exkurs | Die unterschiedlichen Verwaltungsverfahren |

Das VwVfG unterscheidet zwischen verschiedenen Verwaltungsverfahren. Der Regeltyp ist das **allgemeine oder nichtförmliche Verwaltungsverfahren**, vgl. § 10 VwVfG. Es kommt immer dann zur Anwendung, wenn gesetzlich keine andere Verfahrensart vorgesehen ist. Für dieses Verfahren gelten die allgemeinen Verfahrensregelungen des VwVfG und die allgemeinen Verfahrensprinzipien. Das **förmliche Verwaltungsverfahren** wird in den §§ 63 ff VwVfG geregelt und findet statt, wenn es durch eine Rechtsvorschrift angeordnet wird, vgl. § 63 I VwVfG. Das **Planfeststellungsverfahren** wird in den §§ 72 ff VwVfG geregelt und findet ebenfalls statt, wenn es durch eine Rechtsvorschrift angeordnet wird.

Auch das primär in der VwGO geregelte **Rechtsbehelfsverfahren** ist ein Verwaltungsverfahren, da es von Verwaltungsbehörden durchgeführt wird. Da seine ordnungsgemäße Durchführung gleichzeitig Voraussetzung für die Zulässigkeit der Anfechtungs- und Verpflichtungsklage ist, ist es gleichzeitig ein verwaltungsgerichtliches Vorverfahren und hat somit einen Doppelcharakter. Das VwVfG verweist deshalb auf die Vorschriften der VwGO und erklärt die Vorschriften des VwVfG für subsidiär anwendbar, vgl. § 79 VwVfG.

Wichtig sind hier die Vorschriften der § 20 und 21 und insbesondere § 28 VwVfG. Ein Verstoß gegen § 20 I S.1 Nr.2-6 VwVfG führt zur Rechtswidrigkeit des VA und nicht zur Nichtigkeit, vgl. § 44 III Nr.2 VwVfG. Der Fehler kann nach § 46 VwVfG unbeachtlich sein, wenn offensichtlich ist, dass die Verletzung die Entscheidung der Sache nicht beeinflusst hat.

Nach **§ 28 I VwVfG** ist vor dem Erlass eines belastenden VA die **Anhörung** des Betroffenen erforderlich.

Wurde der Betroffene vor Erlass nicht angehört, ist zunächst zu prüfen, ob eine Anhörung *ausnahmsweise gemäß § 28 II, III VwVfG entbehrlich* war.

Kommt man zu dem Ergebnis, dass die unterbliebene Anhörung nicht ausnahmsweise nach § 28 II, III VwVfG entbehrlich war, liegt ein Verfahrensfehler vor. Es kommt aber eine **Heilung** nach § 45 I Nr. 3 VwVfG in Betracht.

Nach § 45 I VwVfG ist die Verletzung bestimmter Verfahrens- oder Formvorschriften unbeachtlich.

Eine erforderliche Anhörung kann gemäß § 45 I Nr. 3 VwVfG nachgeholt werden. Wichtig ist, dass ein *Widerspruchsverfahren die erforderliche Nachholung der Anhörung beinhaltet!* Denn durch die Begründung des ursprünglichen VA sind dem Widerspruchsführer die maßgeblichen Tatsachen bekannt und durch die Möglichkeit, Widerspruch einzulegen, wird dem Betroffenen die Gelegenheit zur Stellungnahme und damit eine Anhörungsmöglichkeit gegeben.

Maßgeblicher Zeitpunkt für die Heilungsmöglichkeiten durch Nachholung ist gemäß § 45 II VwVfG der *Abschluss des verwaltungsgerichtlichen Verfahrens*. Die Behörde kann also die in § 45 I VwVfG aufgeführten formellen Fehler sogar noch während des Verwaltungsprozesses nachholen und damit heilen.

Wird die Anhörung bis zum Abschluss des Verwaltungsprozesses nicht geheilt, bleibt zu prüfen, ob der Verfahrensfehler gemäß § 46 VwVfG unbeachtlich ist.

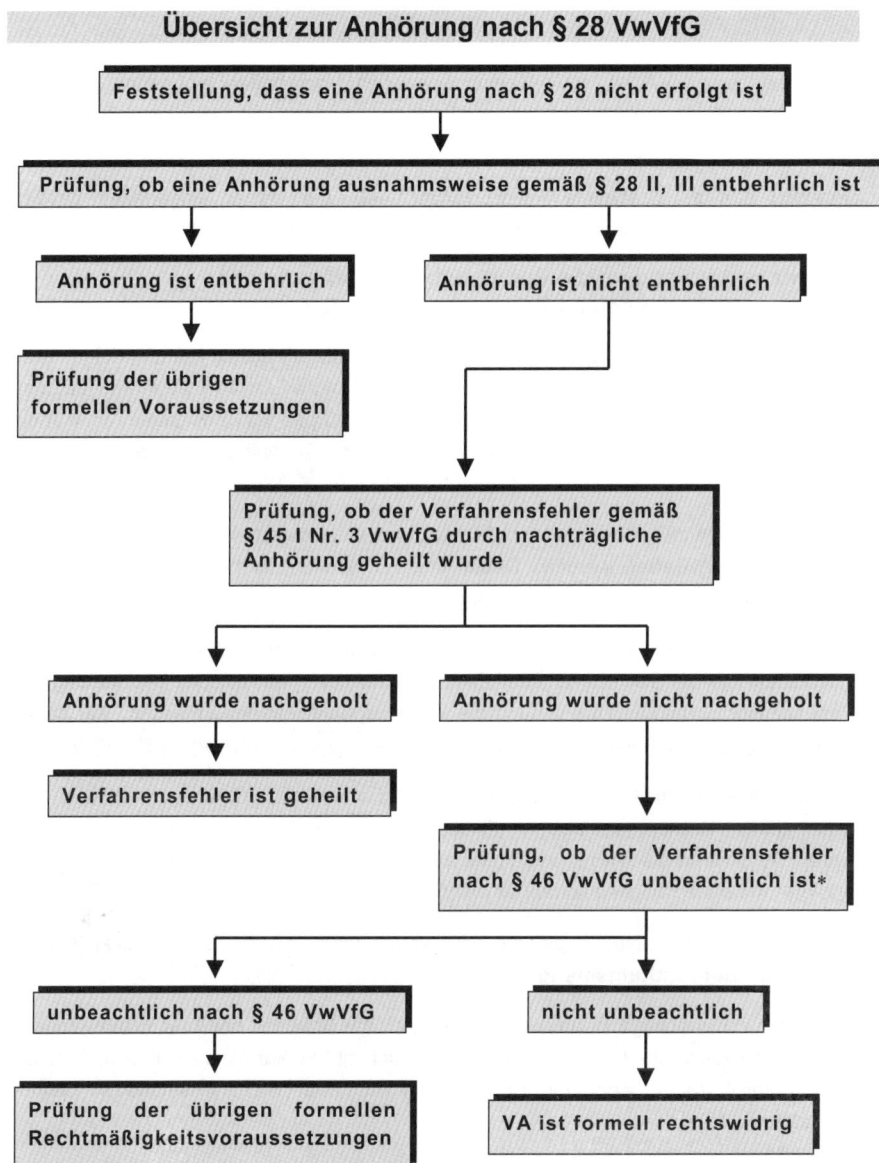

Übersicht zur Anhörung nach § 28 VwVfG

Feststellung, dass eine Anhörung nach § 28 nicht erfolgt ist

Prüfung, ob eine Anhörung ausnahmsweise gemäß § 28 II, III entbehrlich ist

Anhörung ist entbehrlich

Anhörung ist nicht entbehrlich

Prüfung der übrigen formellen Voraussetzungen

Prüfung, ob der Verfahrensfehler gemäß § 45 I Nr. 3 VwVfG durch nachträgliche Anhörung geheilt wurde

Anhörung wurde nachgeholt

Anhörung wurde nicht nachgeholt

Verfahrensfehler ist geheilt

Prüfung, ob der Verfahrensfehler nach § 46 VwVfG unbeachtlich ist∗

unbeachtlich nach § 46 VwVfG

nicht unbeachtlich

Prüfung der übrigen formellen Rechtmäßigkeitsvoraussetzungen

VA ist formell rechtswidrig

∗ da die Frage der Beachtlichkeit des formellen Fehlers oft von der materiellen Rechtslage abhängt, empfiehlt es sich, § 46 VwVfG u. U. erst bei der Frage der subjektiven Rechtsverletzung anzusprechen.

c) Form

Der Erlass eines VA ist, soweit keine speziellen Vorschriften eingreifen, an *keine bestimmte Form* gebunden, insbesondere bedarf er keiner Schriftform, vgl. § 37 II VwVfG.

Dennoch gibt es bestimmte **Formerfordernisse**, die immer eingehalten werden müssen. Dazu gehört insbesondere, dass der schriftlich erlassene VA

- eine **ordnungsgemäße Rechtsbehelfsbelehrung** und
- eine **ordnungsgemäße Begründung** enthalten muss.

Das Fehlen einer **ordnungsgemäßen Rechtsbehelfsbelehrung** hat zur Folge, dass die Monatsfrist der §§ 70, 74 VwGO gemäß § 58 I VwGO nicht zu laufen beginnt, sondern statt dessen die Jahresfrist des § 58 II VwGO gilt, vgl. 3. Kapitel I. 3c. Auf die *Rechtmäßigkeit* des VA hat das Fehlen der Rechtsbehelfsbelehrung *keine Auswirkungen*.

Nach § 39 I VwVfG muss ein schriftlicher oder elektronischer (oder bestätigter) VA **schriftlich begründet** werden. Dabei muss zwischen formellen und materiellen Anforderungen an die Begründung unterschieden werden.

In der Begründung sind *die wesentlichen tatsächlichen und rechtlichen Gründe mitzuteilen, die die Behörde zu ihrer Entscheidung bewogen hat.* Die Begründung von Ermessensentscheidungen soll auch die Gesichtspunkte erkennen lassen, von denen die Behörde bei der Ausübung ihres Ermessens ausgegangen ist, vgl. § 39 I VwVfG.

Ein **formeller Begründungsmangel** liegt vor, wenn das *Geforderte*, nämlich die wesentlichen Gründe, die aus der Sicht der Behörde für den Erlass entscheidend waren, *fehlt*, wenn also keine oder keine ausreichende Begründung i. S. v. § 39 VwVfG erfolgte. *Auf die Richtigkeit kommt es nicht an.*

Sind dagegen die Feststellungen und Erwägungen unvollständig oder unrichtig, liegt ein **materieller Begründungsmangel** vor.

Eine sachlich unrichtige Begründung, z. B. weil die Behörde bei ihrer Ermessensentscheidung wesentliche Umstände nicht berücksichtigt hat, kann also formell rechtmäßig sein, nämlich dann, wenn die Behörde die aus ihrer Sicht wesentlichen Gründe aufgeführt hat.

Ebenso wie das Fehlen einer erforderlichen Anhörung kann auch das Fehlen einer Begründung gemäß § 45 I Nr. 2 VwVfG bis zum Abschluss des Gerichtsverfahrens nachgeholt und damit der formelle Fehler **geheilt** werden. Das Gleiche gilt für eine formell ungenügende Begründung. Zu beachten ist, dass § 45 I Nr. 2 VwVfG nur auf einen formellen und nicht auf einen materiellen Begründungsmangel anwendbar ist!

Exkurs

Das Nachschieben von Gründen im Verwaltungsprozess

Vom Nachholen der Gründe gemäß § 45 VwVfG ist das **Nachschieben von Gründen** im Verwaltungsprozess zu unterscheiden. Beim Nachschieben von Gründen geht es um die Frage, ob die Verwaltung die Möglichkeit hat, im Verwaltungsprozess die Begründung zu ändern oder zu ergänzen, wenn diese unrichtig oder sachlich unzureichend ist, also ein materieller Begründungsmangel vorliegt.

Das Verwaltungsgericht muss den angefochtenen VA unter Berücksichtigung aller tatsächlicher und rechtlicher Gründe prüfen und auch dann als rechtmäßig bestätigen, wenn er sich auf andere als die von der Behörde vorgetragenen Gründe stützen lässt. Dann muss grundsätzlich die Behörde auch befugt sein, von sich aus solche Gründe nachzureichen. Hierbei handelt es sich aber um ein Problem der materiellen Rechtmäßigkeit, vgl. unter 3. Kapitel, II.

Die Nachholung kann sowohl durch die Ausgangsbehörde als auch durch die Widerspruchsbehörde erfolgen.

Auch § 46 VwVfG ist auf einen formellen Begründungsmangel anwendbar.

Exkurs

Bestimmtheitsgebot und Bekanntgabe des VA

Nach § 37 I VwVfG muss ein VA **hinreichend bestimmt** sein. Der Adressatenkreis, der Regelungsgehalt und die Verbindlichkeit müssen objektiv erkennbar sein. Bei einem Verstoß gegen das Bestimmtheitsgebot handelt es sich aber nicht um einen Formfehler, ein unbestimmter VA ist materiell rechtswidrig (und deshalb auch nicht heilbar).

Auch die **ordnungsgemäße Bekanntgabe** des VA, in § 41 VwVfG geregelt, ist kein Formerfordernis sondern eine Wirksamkeitsvoraussetzung, vgl. § 43 i.V.m. § 41 VwVfG.

Klausurhinweis

Da es in einer **Klausur** um die Erstellung eines Gutachtens geht, gilt das Vollständigkeitsgebot. Wird festgestellt, dass der VA gegen formelle Vorschriften verstößt und deshalb rechtswidrig ist, muss weiter geprüft werden, ob der VA zusätzlich auch noch materiell rechtswidrig ist. Das gleiche gilt selbstverständlich auch innerhalb der formellen oder materiellen Prüfung. Ist der VA von einer unzuständigen Stelle erlassen worden, muss trotzdem weiter geprüft werden.

Fall 6:

Nachdem es zwischen dem Bundesbeamten B und einem Vorgesetzten zu Auseinandersetzungen gekommen ist, erhält B am 1. März 2006 nach vorheriger Anhörung eine Verfügung der zuständigen Stelle, wonach er mit Wirkung zum 1. April 2006 zu einer 200 km entfernten Dienststelle versetzt wird. Begründet wurde die Entscheidung nicht. B legt dagegen Widerspruch mit der Begründung ein, dass die Versetzung nicht begründet sei und unzumutbar kurzfristig erfolgen solle. Der Widerspruch wird von der vorgesetzten Behörde lediglich mit der Begründung zurückgewiesen, dass die Angelegenheit mit dem Personalrat abgesprochen sei und dass der Versetzungstermin inzwischen auf den 1. Januar 2007 verschoben worden sei.
Hat eine Klage Aussicht auf Erfolg?

Lösungsvorschlag

I. Zulässigkeit der Klage

Der Beamte B möchte sich gegen eine Versetzungsverfügung wehren. Es handelt sich damit um eine beamtenrechtliche Streitigkeit, für die der **Verwaltungsrechtsweg** gemäß § 126 I BRRG, § 172 BBG eröffnet ist.

Als **statthafte Klageart** kommt hier eine Anfechtungsklage in Betracht. Dann müsste es sich bei der Versetzungsverfügung um einen VA handeln. Ein VA ist gemäß § 35 VwVfG jede hoheitliche Maßnahme einer Behörde auf dem Gebiet des öffentlichen Rechts zur rechtsfolgenbegründenden Regelung eines Einzelfalles mit Außenwirkung.

Fraglich könnte hier lediglich die Außenwirkung sein, denn an einen Beamten können auch interne Weisungen ergehen. Die Versetzung berührt B aber nicht nur in seinem Status als Amtsträger, sondern auch in seiner persönlichen Rechtsstellung, die Versetzung ist auf die Regelung persönlicher Pflichten gerichtet und hat damit Außenwirkung.

Bei der Versetzungsverfügung handelt es sich somit um einen VA, die Anfechtungsklage ist statthafte Klageart.

Gemäß § 79 I Nr.1 VwGO ist Klagegegenstand der Anfechtungsklage der ursprüngliche VA in der Gestalt, die er durch den Widerspruchsbescheid gefunden hat. Entscheidend ist also nicht die zum 1. April 2006 ausgesprochene Versetzung, sondern der im Widerspruchsbescheid bestimmte Termin. Klagegegenstand ist damit die Versetzung zum 1. Januar 2007.

Als Adressat der Maßnahme ist B gemäß § 42 II VwGO **klagebefugt**, da zumindest die Verletzung von Art.2 I GG möglich ist.

Das nach §§ 126 III BRRG, 68 I S.1 VwGO erforderliche **Vorverfahren** ist durchgeführt und erfolglos geblieben.

Klagegegner ist gemäß § 78 I Nr. 1 VwGO die Bundesrepublik Deutschland.

Die Klage ist damit zulässig.

II. Begründetheit der Klage:

Die Klage ist gemäß § 113 I S.1 VwGO begründet, wenn der VA rechtswidrig ist und der Kläger dadurch in seinen Rechten verletzt wird.

1. Ermächtigungsgrundlage

Ermächtigungsgrundlage für die Versetzungsverfügung ist § 26 BBG.

2. Formelle Rechtmäßigkeit

Der VA ist formell rechtmäßig, wenn die zuständige Behörde gehandelt hat und die Verfahrens- und Formvorschriften eingehalten (bzw. geheilt) wurden.

Die Verfügung wurde von der zuständigen Stelle erlassen, die nach § 28 I VwVfG erforderliche Anhörung hat stattgefunden.

In Betracht kommt aber ein Verstoß gegen § 39 I VwVfG, wonach ein schriftlicher VA auch *schriftlich begründet* werden muss.

Da kein Ausnahmefall nach § 39 II VwVfG vorliegt, war hier eine Begründung erforderlich. Nach § 39 I S.2 VwVfG muss die Behörde die wesentlichen tatsächlichen und rechtlichen Gründe mitteilen, die die Behörde zu ihrer Entscheidung bewogen hat. Unerheblich ist dagegen, ob die Begründung zutreffend ist oder nicht (wenn nicht, handelt es sich um einen materiellen Begründungsmangel). Formell erforderlich ist damit "irgendeine" Begründung, nicht unbedingt die richtige.

Im vorliegenden Fall wurde die Versetzungsverfügung überhaupt nicht begründet, es liegt damit ein Verstoß gegen § 39 I S.1 VwVfG vor, der VA ist formell rechtswidrig.

Dieser Formmangel ist aber nach § 45 I Nr. 2 VwVfG *heilbar*. Danach kann die Begründung bis zum Abschluss des Gerichtsverfahrens nachgeholt werden, vgl. § 45 II VwVfG.

Die Begründung könnte also im Widerspruchsbescheid nachgeholt worden sein. Allerdings wird dort nur festgestellt, dass die Angelegenheit mit dem Personalrat abgesprochen worden sei, der Hinweis enthält damit nicht die tatsächlichen und rechtlichen Gründe für die Versetzung. Wenn man darin überhaupt eine "Begründung" sehen will, ist diese jedenfalls nicht vollständig und entspricht nicht den formellen Anforderungen des § 39 I S.2 VwVfG. Für eine Nachholung während des Verfahrens gibt es keine Anhaltspunkte. Der Begründungsmangel ist damit nicht nach § 45 I Nr.2 VwVfG geheilt worden.

Der VA ist damit formell rechtswidrig.

Wenn man in der Klausur zu dem Ergebnis gelangt, dass der VA formell rechtswidrig ist, muss dennoch regelmäßig weitergeprüft werden, ob der VA daneben zusätzlich auch noch materiell rechtswidrig ist!

3. Materielle Rechtmäßigkeit

Im vorliegenden Fall kann die materielle Rechtmäßigkeit aber mangels hierfür erforderlicher Informationen nicht geprüft werden.

4. Rechtsverletzung des Klägers

Die Anfechtungsklage ist nur dann begründet, wenn B durch den VA in einem subjektiven Recht verletzt wird. Daran fehlt es nach § **46 VwVfG** dann, wenn keine andere Entscheidung in der Sache hätte getroffen werden können.

Hierfür liegen aber ebenfalls keine Informationen vor. Als Adressat eines belastenden, rechtswidrigen VA ist B deshalb in seinem Recht aus Art. 2 I GG verletzt.

Damit ist die Klage begründet.

Fall 7:

Sachverhalt wie bei Fall 5.
Ist die Klage begründet?

Lösungsvorschlag

Die Anfechtungsklage ist gemäß § 113 I S. 1 VwGO begründet, wenn der VA rechtswidrig ist und der Kläger dadurch in einem subjektiven Recht verletzt wird.

1. Ermächtigungsgrundlage

Als belastender Bescheid benötigt der VA eine wirksame Ermächtigungsgrundlage. Der Bescheid verpflichtet den A zur Nachzahlung von Hundesteuer für das Jahr 2004. Als Ermächtigungsgrundlage kommt deshalb nur die Hundesteuersatzung der Gemeinde G in Betracht. Bei der Satzung handelt es sich um eine untergesetzliche Rechtsnorm, die deshalb ihrerseits einer wirksamen Ermächtigungsgrundlage bedarf.

Ermächtigungsgrundlage für gemeindliche Steuersatzungen sind die entsprechenden Regelungen in den landesrechtlichen Kommunalabgabengesetzen. Gegen deren Rechtmäßigkeit und damit Wirksamkeit bestehen keine Bedenken.

Weiter müsste aber auch die Satzung selbst rechtmäßig sein.

Anhaltspunkte für eine formelle Rechtswidrigkeit wegen Verletzung von Zuständigkeits- oder Verfahrensvorschriften sind nicht ersichtlich.

In Betracht kommt hier aber ein Verstoß gegen das **Rechtsstaatsprinzip des Art. 20 III GG**.

Aus dem Rechtsstaatsprinzip wird das Gebot der Rechtssicherheit abgeleitet, aus dem sich *das grundsätzliche Verbot ergibt, eine Rechtslage rückwirkend zu ändern*. Denn das Rechtsstaatsprinzip gebietet, dass der einzelne der geltenden Rechtslage vertrauen können muss. Eine echte Rückwirkung (auch Rückwirkung von Rechtsfolgen genannt) verstößt damit grundsätzlich gegen das Rechtsstaatsprinzip und ist nichtig. Eine echte Rückwirkung liegt immer dann vor, wenn ein Gesetz nachträglich in abgeschlossene, der Vergangenheit angehörende Sachverhalte ändernd eingreift. Ausnahmsweise ist eine Rückwirkung nur zulässig, wenn das Vertrauen des Bürgers in die bisherige Rechtslage nicht schutzwürdig ist (z. B. weil der Betroffene mit der neuen Regelung rechnen musste, eine nichtige Bestimmung rückwirkend ersetzt wird, das bisherige Recht unklar und verworren war oder aber zwingende Gründe des Gemeinwohls eine Rückwirkung rechtfertigen).

Steuern werden für einen gewissen Zeitabschnitt (in der Regel jährlich) erhoben. Nach Ablauf dieses Zeitabschnittes liegt ein abgeschlossener, in der Vergangenheit liegender Sachverhalt vor. Damit handelt es sich bei der Änderung des Hundesteuersatzes für das Vorjahr um eine echte Rückwirkung. Es bestehen keine Anhaltspunkte, dass hier ein Grund für eine ausnahmsweise zulässige Rückwirkung vorliegen könnte. Insbesondere handelt es sich bei finanziellen Erwägungen (Aufbesserung des Haushaltsplanes) nicht um zwingende Gründe des Gemeinwohls.

Die Satzung verstößt damit, soweit sie das Jahr 2004 betrifft, gegen das Rechtstaatsprinzip aus Art. 20 III GG und ist insoweit nichtig.

Der Bescheid, der den A zur Nachzahlung von Hundesteuer für das Jahr 2004 verpflichtet, ist damit ohne Ermächtigungsgrundlage erlassen worden und somit wegen Verstoßes gegen den Vorbehalt des Gesetzes rechtswidrig.

2. Verletzung eines subjektiven Rechtes
Da belastende Maßnahmen stets in Grundrechte des Adressaten (zumindest in Art. 2 I GG) eingreifen, verletzt ein rechtswidriger belastender VA immer ein subjektives Recht, da ein Grundrechtseingriff nur von den Gesetzesschranken gedeckt sein kann, wenn er rechtmäßig ist.

Somit wird A durch den belastenden rechtswidrigen VA zumindest in seinem subjektiven Recht aus Art. 2 I GG verletzt.

Die Anfechtungsklage des A ist damit begründet.

1. Wann ist eine Anfechtungsklage begründet?

Wenn der VA rechtswidrig ist und der Kläger dadurch in einem subjektiven Recht verletzt wird, vgl. § 113 I S. 1 VwGO.

2. Was versteht man unter dem Prinzip vom Vorrang des Gesetzes?

Dass die Verwaltung bei ihrer Tätigkeit nicht gegen Rechtsnormen verstoßen darf.

3. Gilt dieses Prinzip uneingeschränkt?

Ja.

4. Was versteht man unter dem Prinzip vom Vorbehalt des Gesetzes?

Dass die Verwaltung nur dann Maßnahmen ergreifen darf, wenn sie dazu durch eine Rechtsnorm (Ermächtigungsgrundlage) ausdrücklich ermächtigt wird.

5. Gilt dieses Prinzip uneingeschränkt?

Nein. Uneingeschränkt gilt das Prinzip nur im Rahmen der Eingriffsverwaltung. Im Rahmen der Leistungsverwaltung gilt das Wesentlichkeitsprinzip. Danach müssen nur die wesentlichen Entscheidungen durch formelle Gesetze geregelt werden.

6. Was hat es für Folgen, wenn sich die Verwaltung auf eine rechtswidrige Ermächtigungsgrundlage stützt?

Die Ermächtigungsgrundlage ist aufgrund ihrer Rechtswidrigkeit unwirksam, so dass die Verwaltung ohne Rechtsgrundlage handelt. Der VA ist somit wegen einem Verstoß gegen den Gesetzesvorbehalt rechtswidrig.

7. Wann ist ein formelles Gesetz rechtswidrig?

Wenn es gegen höherrangiges Recht verstößt, sprich wenn es verfassungswidrig ist.

8. Was kann zur Rechtswidrigkeit einer Rechtsverordnung führen?

Eine Rechtsverordnung ist rechtswidrig, wenn die ihr zugrundeliegende Ermächtigungsnorm rechtswidrig ist, wenn die Grenzen der Ermächtigungsnorm nicht eingehalten wurden, oder wenn die Rechtsverordnung gegen sonstige höherrangige Rechtsnormen verstößt.

9. Was ist innerhalb der formellen Rechtmäßigkeitsprüfung zu prüfen?

Es ist zu prüfen, ob der VA von der zuständigen Behörde erlassen wurde und ob die Verfahrens- und Formvorschriften eingehalten wurden.

10. Was wird in den §§ 44, 45 und 46 VwVfG geregelt?

Die §§ 44, 45 und 46 VwVfG regeln die Rechtsfolgen von fehlerhaften VA. § 44 VwVfG regelt, unter welchen Voraussetzungen ein VA nichtig ist, § 45 VwVfG regelt, welche Verfahrens- und Formfehler heilbar sind und § 46 VwVfG regelt, wann ein formeller Fehler ausnahmsweise unbeachtlich ist.

11. Was ist der Unterschied zwischen der Ermächtigungsgrundlage und der Zuständigkeitsnorm?

Die Ermächtigungsgrundlage regelt, welche Tatbestandsvoraussetzungen vorliegen müssen, damit die Verwaltung eine Maßnahme ergreifen darf und welche Maßnahmen die Verwaltung ergreifen darf. Die Zuständigkeitsnorm regelt, welche Behörde und damit auch welcher Verwaltungsträger für die konkrete Maßnahme zuständig ist.

12. Warum ist eine fehlende Anhörung vor dem Erlass eines belastenden VA regelmäßig unbeachtlich?

Weil die Anhörung gemäß § 45 I Nr. 3 VwVfG nachgeholt werden kann und vor Klageerhebung regelmäßig die Durchführung eines ordnungsgemäßen Widerspruchsverfahrens erforderlich ist. Durch das Widerspruchsverfahren wird die Anhörung nachgeholt.

13. Was ist der Unterschied zwischen einem formellen und einem materiellen Begründungsmangel?

Ein formeller Begründungsmangel liegt gemäß § 39 VwVfG vor, wenn die wesentlichen Gründe, die aus der Sicht der Behörde für den Erlass des VA entscheidend waren, fehlen. Der formelle Begründungsmangel macht den VA formell fehlerhaft und kann nach § 45 I Nr. 2 VwVfG durch Nachholung geheilt werden.

Ein materieller Begründungsmangel liegt dagegen vor, wenn die Feststellungen und Erwägungen der Behörde unrichtig oder unvollständig sind.

3) Die materielle Rechtmäßigkeit des VA

Die materielle Rechtmäßigkeit bezieht sich auf den Inhalt des VA und verlangt, dass die im VA getroffene Regelung den rechtlichen Anforderungen entspricht.

> **Der VA ist materiell rechtmäßig, wenn die Tatbestands-voraussetzungen der Ermächtigungsgrundlage zum Zeitpunkt des Erlasses des VA vorlagen, die Regelung des VA durch die Ermächtigungsgrundlage gedeckt ist und die Entscheidung ermessensfehlerfrei erfolgte.**

Die einzelnen Ermächtigungsgrundlagen sind zweigliedrig aufgebaut. Sie bestehen aus **Tatbestand** und **Rechtsfolge**. Sie regeln
- *die Voraussetzungen, die vorliegen müssen, damit die Behörde Maßnahmen (hier VA) erlassen darf (= Tatbestand)* und
- *die Maßnahmen, die bei Vorliegen der Voraussetzungen jeweils ergriffen werden dürfen bzw. müssen (= Rechtsfolge).*

> *Bsp.: § 15 IV VersG regelt, dass eine Demonstration, die verboten wurde (= Tatbestand), aufgelöst werden muss (= Rechtsfolge).*
>
> *§ 15 I VersG regelt, dass wenn bei der Durchführung einer Demonstration die öffentliche Sicherheit oder Ordnung unmittelbar gefährdet wäre (= Tatbestand), die Versammlung verboten oder von bestimmten Auflagen abhängig gemacht werden kann (= mögliche Rechtsfolgen).*
>
> *§ 15 I GastG regelt, dass wenn zum Zeitpunkt der Erteilung einer gaststättenrechtlichen Erlaubnis Versagungsgründe nach § 4 I GastG vorgelegen haben (= Tatbestand), die Erlaubnis zum Betrieb eines Gaststättengewerbes zurückzunehmen ist (= Rechtsfolge).*

a) Maßgeblicher Zeitpunkt für die Beurteilung der Rechtmäßigkeit

Der Zeitpunkt für die Beurteilung der Rechtmäßigkeit eines VA spielt dann eine Rolle, wenn seit dem Erlass des VA eine **Änderung der Sach- oder Rechtslage** in Betracht kommt.

> *Bsp.: Die Verwaltung erlässt gegen den Eigentümer E am 7.3.2006 eine Verfügung, die ihn verpflichtet, innerhalb von zwei Monaten sein baufälliges Dach zu reparieren, weil durch die Gefahr von herabstürzenden Ziegeln Fußgänger gefährdet werden. Am 10.3.2006 bricht das Dach vollständig in sich zusammen, weshalb E nicht wie angeordnet, das Dach reparieren, sondern vielmehr das Haus lieber vollständig abreißen möchte.*

Bei der **Anfechtungsklage** ist der **maßgebliche Zeitpunkt** für die Beurteilung der Rechtmäßigkeit grundsätzlich der *Zeitpunkt der letzten Behördenentscheidung.*

Es kommt damit auf den Zeitpunkt des Erlasses des VA an bzw. wenn ein Widerspruchsbescheid ergangen ist, auf den Zeitpunkt des Erlasses des Widerspruchsbescheids, vgl. § 79 I Nr. 1 VwGO.

Nachträgliche Änderungen der Sach- oder Rechtslage beeinflussen die Rechtmäßigkeit oder Rechtswidrigkeit des VA *grundsätzlich* nicht mehr.

| Exkurs | **Die Ablehnung eines begünstigenden VA** |

Bei der Ablehnung eines begünstigenden VA ist für die Frage der Rechtmäßigkeit der Ablehnung ebenfalls der Zeitpunkt der Ablehnung entscheidend, § 79 VwGO gilt analog.

Hier ist aber regelmäßig nicht die Anfechtungsklage statthaft, sondern eine auf den Erlass des begehrten VA gerichtete Verpflichtungsklage, vgl. VerwR 2, 1. Kapitel. Entscheidender Zeitpunkt für die Frage der Begründetheit einer *Verpflichtungsklage* ist der *Zeitpunkt der letzten mündlichen Verhandlung*. Es ist deshalb durchaus möglich, dass trotz rechtmäßiger Ablehnung des VA die Klage auf Erlass des begehrten VA wegen zwischenzeitlicher Änderung der Rechts- oder Sachlage begründet ist. Wurde ein Antrag auf Erlass eines VA mangels Vorliegen der Voraussetzungen rechtmäßig abgelehnt und ändern sich diese Voraussetzungen, ist es aber zweckmäßig, zunächst einen neuen Antrag zu stellen.

Es ist zu unterscheiden zwischen
- VA mit **einmaliger Regelungswirkung**, die sich im einmaligen Vollzug erschöpfen und
- VA **mit Dauerwirkung**

Bsp.: Die Auflösung einer Versammlung oder ein Gebührenbescheid wegen Überschreitung der Höchstgeschwindigkeit sind VA, die sich im einmaligen Vollzug erschöpfen, die Bewilligung eines Stipendiums oder einer Gewerbeerlaubnis sind VA mit Dauerwirkung.

Bei einem **VA, der sich im einmaligen Vollzug erschöpft**, ist der *Zeitpunkt des Erlasses maßgeblich*, es sei denn, der VA ist noch *nicht vollzogen*.

Bsp.: Der Nachbar N klagt gegen eine zum Zeitpunkt der Verwaltungsentscheidung rechtswidrige Baugenehmigung. Durch eine Änderung des Bebauungsplanes wird das Vorhaben aber vor der letzten mündlichen Verhandlung rechtmäßig. Diese Änderung der Rechtslage muss berücksichtigt werden, da die Baugenehmigung ansonsten sofort wieder erteilt werden müsste.

Da es dem Eigentümer E aufgrund des Einsturzes des Daches wirtschaftlich nicht mehr zumutbar ist, das Dach zu reparieren, ist dieser Umstand bei der Frage der Rechtmäßigkeit der Anordnung (vgl. oben) zu berücksichtigen. Es handelt sich um einen VA, der noch nicht vollzogen/vollstreckt wurde. Entscheidend ist damit ausnahmsweise der Zeitpunkt der letzten mündlichen Verhandlung.

Bei einem **VA mit Dauerwirkung** (VA, der sich nicht in einem einmaligen Ge- oder Verbot erschöpft) ist wegen der in die Zukunft reichenden Regelung ebenfalls der *Zeitpunkt der letzten mündlichen Verhandlung* maßgebend.

Dies gilt allerdings dann nicht, wenn sich aus gesetzlichen Vorschriften ergibt, dass Änderungen der Sachlage durch eine erneute Regelung (insbesondere durch Entziehung oder Neuerteilung) zu berücksichtigen sind.

> **Bsp.:** *Entfällt die erforderliche Eignung zum Führen eines Kfz, wird dadurch nicht die Fahrerlaubnis rechtswidrig, sondern die Fahrerlaubnisbehörde ist nach § 4 StVG zum Entzug der Fahrerlaubnis verpflichtet.*
>
> *Stellt sich nach dem rechtmäßigen Entzug der Fahrerlaubnis später heraus, dass die Gründe, die die Eignung ausgeschlossen haben, nicht mehr vorliegen, so dass inzwischen wieder Eignung vorliegt, führt das nicht zur nachträglichen Rechtswidrigkeit der Entziehung, sondern zur Wiedererteilung.*

Bei der Problematik des **Nachschiebens von Gründen im Verwaltungsprozess** geht es um die Frage, ob die Behörde befugt ist, im gerichtlichen Verfahren Gründe für die Rechtmäßigkeit des VA "nachzuschieben". Dabei geht es aber *nicht um nachträglich entstandene, sondern um (zum Zeitpunkt der Behördenentscheidung) bereits existierende, aber nachträglich vorgebrachte Tatsachen.*

Dieses Problem entsteht dann, wenn die Behörde bei ihrer Entscheidung maßgebliche Gesichtspunkte nicht berücksichtigt hat, ihre Feststellungen und Erwägungen also unvollständig oder unrichtig waren und sie dann diese maßgeblichen Gesichtspunkte nachträglich vorbringt.

Da das Gericht den angefochtenen *VA unter allen rechtlichen und tatsächlichen Gründen zu prüfen hat*, vgl. § 86 I VwGO, muss der VA auch dann als rechtmäßig angesehen werden, wenn sich seine Rechtmäßigkeit aus anderen als den von der Behörde vorgebrachten Gründen ergibt. Dann müssen auch die Gründe berücksichtigt werden, die nachträglich von der Behörde vorgebracht werden. Zudem könnte die Behörde ja auch sofort wieder einen neuen, gleichen, nur diesmal richtig begründeten VA erlassen. § 114 S.2 VwGO regelt in Bezug auf Ermessenserwägungen sogar ausdrücklich, dass die Verwaltungsbehörde diese auch noch im Verwaltungsprozess ergänzen darf. Folglich ist das Nachschieben von Gründen zulässig.

Klausur-hinweis   In der **Klausur** ist zunächst der für die Beurteilung maßgebliche Zeitpunkt (Zeitpunkt der letzten Behördenentscheidung oder der letzten mündlichen Verhandlung) zu klären. Ist der Zeitpunkt der letzten Behördenentscheidung maßgeblich und hat die Behörde Gründe nachgeschoben, ist nur kurz darauf einzugehen und zu begründen, dass das Nachschieben von Gründen zulässig ist.

b) Vorliegen der Tatbestandsvoraussetzungen der Ermächtigungsgrundlage

Liegen die in der Ermächtigungsgrundlage festgelegten Voraussetzungen für ein Einschreiten der Verwaltung nicht vor, ist die Verwaltungsmaßnahme (hier der VA) rechtswidrig.

Dies kann
- aufgrund einer *unzulänglichen Ermittlung oder fehlerhaften Bewertung der entscheidungserheblichen Tatsachen* oder
- aufgrund einer *falschen Auslegung oder Anwendung der maßgeblichen Rechtsnormen*

der Fall sein.

Eine **unrichtige Tatsachenfeststellung** liegt vor, wenn die Behörde *von unrichtigen Tatsachen ausgeht, weil sie den tatsächlichen (Lebens-) Sachverhalt nicht oder nicht ausreichend ermittelt hat oder die entscheidungserheblichen Tatsachen falsch bewertet.*

Bsp.: Die Behörde erlässt eine Abrissverfügung wegen angenommener Baufälligkeit eines Gebäudes. Von der Baufälligkeit geht die Behörde aus, weil sie glaubt, dass aufgrund morscher Balken akute Einsturzgefahr besteht. In Wirklichkeit sind die Balken aber nicht morsch, so dass das Gebäude nicht baufällig ist.

Eine **unrichtige Rechtsanwendung** (sog. Subsumtionsfehler) liegt vor, wenn die Behörde *die Tatbestandsmerkmale der Ermächtigungsgrundlage, insbesondere unbestimmte Rechtsbegriffe, falsch auslegt oder anwendet.*

Bsp.: Die Polizei erlässt aufgrund der Generalklausel des PolG einen Platzverweis gegen einen Bettler, weil sie davon ausgeht, dass durch das Betteln eine Gefahr für die öffentliche Sicherheit vorliegt. Tatsächlich stellt das Betteln aber keine Gefahr der öffentlichen Sicherheit dar, sondern wäre allenfalls eine Belästigung.

Exkurs | Unbestimmte Rechtsbegriffe und Beurteilungsspielraum

Die gesetzlichen Tatbestände sind inhaltlich von unterschiedlicher Präzision. Zum Teil sind Tatbestandsmerkmale schon der Sache nach sehr eindeutig, wie z. B. Orts- oder Zeitangaben, zum Teil sind sie rechtlich eindeutig, wie z. B. Begriffe wie Eigentum und Besitz. Unter **unbestimmten Rechtsbegriffen** versteht man Tatbestandsmerkmale, die sich nicht so eindeutig bestimmen lassen. Es handelt sich *um generalklauselartige Formulierungen*, bei denen der Rechtsanwender feststellen muss, ob ein konkreter Sachverhalt unter diesen unbestimmten Rechtsbegriff subsumiert werden kann.

Beispiele hierfür sind Begriffe wie öffentliches Interesse, Gemeinwohl, wichtiger Grund, Zuverlässigkeit, Eignung, besonderer Härtefall....

Die praktische Notwendigkeit der Verwendung von unbestimmten Rechtsbegriffen wird durch das verfassungsrechtliche Bestimmtheitsgebot begrenzt. Sie unterliegt der vollen gerichtlichen Kontrolle.

Ausnahmsweise steht der Verwaltung ein **Beurteilungsspielraum** zu und zwar bei *Verwaltungsentscheidungen, die ihrer Natur nach gar nicht gerichtlich voll überprüft werden können.*

Hierzu gehören insbesondere **Prüfungsentscheidungen** und die Beurteilung von Eigenschaften einer Person. Prüfungsentscheidungen erfolgen aufgrund einer einmaligen, nicht wiederholbaren Situation, die nur von den Anwesenden eingeschätzt werden kann. Die gerichtliche Überprüfung beschränkt sich hier auf die fachliche Richtigkeit oder Vertretbarkeit der Beurteilung. Bzgl. prüfungsspezifischer Wertungen haben die Prüfer einen Beurteilungsspielraum, denn die Gerichte kennen die konkrete Prüfungssituation nicht und können die Leistung des Prüflings auch nicht mit den anderen Prüflingen in Beziehung setzen.

Klausurhinweis
In der **Klausur** ist an dieser Stelle die saubere Herausarbeitung der Tatbestandsvoraussetzungen und Subsumtion des Sachverhalts unter diese Tatbestandsmerkmale erforderlich. Dies setzt zunächst die Definition der Tatbestandsmerkmale und die Auslegung von unbestimmten Rechtsbegriffen voraus. Dann kann festgestellt werden, ob laut Sachverhalt die Voraussetzungen der Ermächtigungsgrundlage vorliegen.

c) Kein Vorliegen von Ermessensfehlern

Die Ermächtigungsgrundlage beinhaltet neben den Tatbestandsvoraussetzungen, die vorliegen müssen, die sich daraus ergebenden Rechtsfolgen. Auf der **Rechtsfolgenseite** ist zu unterscheiden:

Je nach Ermächtigungsnorm handelt es sich entweder
- um eine **gebundene Entscheidung** oder aber
- um eine **Ermessensentscheidung**.

Ist die Verwaltung bei Vorliegen der Tatbestandsvoraussetzungen der (rechtswirksamen) Ermächtigungsgrundlage **zu einer bestimmte Maßnahme verpflichtet** (gebundene Entscheidung), dann ist diese konkrete Maßnahme rechtmäßig, wenn die Tatbestandsvoraussetzungen tatsächlich vorliegen.

> *Bsp.: Nach § 15 IV VersG muss eine verbotene Versammlung aufgelöst werden. Die Auflösung einer Versammlung nach § 15 IV VersG ist deshalb materiell rechtmäßig, wenn es sich tatsächlich um eine verbotene Versammlung handelt.*

Handelt es sich bei der Ermächtigungsgrundlage um eine Norm, die der Verwaltung **ein Ermessen einräumt**, ist nach der Prüfung der Tatbestandsvoraussetzungen zu klären, ob das eingeräumte Ermessen fehlerfrei ausgeübt wurde.

> *Bsp.: Nach § 15 III VersG kann eine nicht angemeldete Versammlung aufgelöst werden. Die Auflösung einer Versammlung nach § 15 III VersG ist deshalb nur dann materiell rechtmäßig, wenn die Versammlung tatsächlich nicht angemeldet war und die Entscheidung, die Versammlung aufzulösen, ermessensfehlerfrei erfolgte.*

> **Der Verwaltung wird Ermessen eingeräumt, wenn sie bei der Verwirklichung der Tatbestandsvoraussetzungen einer Ermächtigungsgrundlage zwischen verschiedenen Verhaltensweisen wählen kann.**

Exkurs | **Ermessensentscheidungen und gebundene Entscheidungen**

Es lassen sich zwei grundsätzliche Arten von Ermächtigungsgrundlagen unterscheiden:

Zum einen Rechtsnormen, die der Verwaltung *verbindlich vorschreiben*, welche Maßnahme sie bei Vorliegen der Tatbestandsvoraussetzungen ergreifen müssen. So regelt z. B. § 15 IV VersG, dass die Verwaltung eine Demonstration auflösen *muss*, wenn sie verboten wurde. Man spricht dann von **gebundenen Entscheidungen** der Verwaltung. Kommt die Verwaltung bei ihrer Prüfung zu dem Ergebnis, dass die Tatbestandsvoraussetzungen der Rechtsnorm vorliegen, ist sie *verpflichtet*, in bestimmter Weise zu handeln (den VA zu erlassen).

Zum anderen gibt es zahlreiche Ermächtigungsgrundlagen, die es *grundsätzlich der Verwaltung überlassen, ob und wie sie einschreitet*. Hier hat die Verwaltung einen Spielraum, sie entscheidet nach ihrem „Ermessen".

So regelt z. B. § 15 I VersG, dass die Verwaltungsbehörde bei Vorliegen der Tatbestandsvoraussetzungen eine Demonstration verbieten oder von bestimmten Auflagen abhängig machen *kann*. Man spricht dann von **Ermessensentscheidungen** der Verwaltung.

Dabei muss die Verwaltung aber zahlreiche Regelungen zur Ausübung ihres Ermessens beachten. Bei Nichtbeachtung dieser Ermessensregelungen liegt eine ermessensfehlerhafte Maßnahme vor, die Maßnahme ist rechtswidrig.

Hinweis

Rechtsnormen, die der Verwaltung Ermessen einräumen, erkennt man regelmäßig an Formulierungen wie „*kann*" oder „*darf*". Rechtsnormen, die die Verwaltung zum Erlass einer bestimmten Maßnahme zwingen, erkennt man an Formulierungen wie „*muss*", „*hat zu*" oder „*ist zu*". Daneben gibt es noch sog. „Soll-Vorschriften". Hier bringt der Gesetzgeber zum Ausdruck, dass die Behörde im Regelfall gebunden ist, die vorgesehene Maßnahme zu treffen. Die Behörde darf jedoch bei atypischen Fällen oder aus anderen wichtigen Gründen davon abweichen.

Beachten Sie:	Das Ermessen ist von unbestimmten Rechtsbegriffen zu unterscheiden. Unbestimmte Rechtsbegriffe stehen auf der Tatbestandsseite der Norm, sie sind vollständig gerichtlich überprüfbar. Das Ermessen steht auf der Rechtsfolgenseite der Norm, die gerichtliche Überprüfung ist nur eingeschränkt, nämlich auf das Vorliegen von Ermessensfehlern, möglich, vgl. § 114 I VwGO.

Klausurhinweis	In der **Klausur** ist darauf zu achten, dass vor der Prüfung, ob die Maßnahme ermessensfehlerfrei getroffen wurde, zunächst zu klären ist, ob die Tatbestandsvoraussetzungen der Ermächtigungsgrundlage überhaupt vorliegen. Ist der Tatbestand der Ermächtigungsgrundlage nicht erfüllt, liegt kein Ermessens- sondern ein Subsumptionsfehler vor, vgl. oben.

Wird der Behörde durch die Ermächtigungsgrundlage ein Ermessen eingeräumt, hat sie zwar einen gewissen Handlungs- und Entscheidungsspielraum. Nach § 40 VwVfG muss sie aber die **Ermessensgrenzen** einhalten und darf das Ermessen nur **entsprechend dem Zweck der gesetzlichen Ermächtigung** ausüben.

Die Einhaltung der Ermessensgrenzen und die Ausübung entsprechend dem Zweck der gesetzlichen Ermächtigung ist gerichtlich überprüfbar, vgl. § 114 VwGO, nicht aber die Frage, ob von mehreren rechtlich zulässigen Maßnahmen die zweckmäßigste getroffen wurde.

Wenn sich die Behörde nicht an diese rechtliche Bindung hält, handelt sie ermessensfehlerhaft und damit rechtswidrig.

Bei der **Ermessensausübung** unterscheidet man zwischen dem
  - *Entschließungsermessen und dem Auswahlermessen.*

Beim **Entschließungsermessen** geht es um die Frage, *ob* die Verwaltung *überhaupt* tätig werden will.

Beim **Auswahlermessen** geht es darum, *wie* die Verwaltung *tätig* werden will, also *welche* von verschiedenen zulässigen Maßnahmen sie ergreifen will.

Die **Ermessensfehler** lassen sich unterteilen in:

- **Ermessensüberschreitung**
- **Ermessensnichtgebrauch,**
- **Ermessensfehlgebrauch** und
- **Verstoß gegen Grundrechte** und allgemeine Verwaltungsgrundsätze.

Ermessensüberschreitung

Eine **Ermessensüberschreitung** liegt vor, wenn die Behörde die *äußeren Ermessensgrenzen überschreitet*, indem sie eine Rechtsfolge wählt, die durch die Ermächtigungsgrundlage nicht gedeckt ist.

Ermessensüberschreitung liegt also dann vor, wenn der VA eine Rechtsfolge anordnet, die vom Gesetz nicht zugelassen wird.

> ***Bsp.:*** *Die Behörde verlangt eine Gebühr von 100 EUR, obwohl nach der Gebührenordnung für die konkrete Angelegenheit nur 60 EUR verlangt werden dürfen.*

Ermessensnichtgebrauch

Ein **Ermessensnichtgebrauch** (auch Ermessensunterschreitung) liegt vor, wenn die Behörde *von dem ihr zustehenden Ermessen keinen Gebrauch macht*, z. B. weil sie das Bestehen des Ermessensspielraumes gar nicht erkannt hat, ihn fälschlich für beschränkt hält oder einfach nur aus Nachlässigkeit keinen Gebrauch macht. Insbesondere im Rahmen des Entschließungsermessens, also bei der Frage, ob die Behörde einschreitet oder nicht, muss die Behörde dieses Entschließungsermessen ausüben, d. h. die Behörde muss prüfen, ob ein Einschreiten im konkreten Fall angebracht oder sogar erforderlich ist.

> ***Bsp.:*** *Verlangt ein Anwohner, dass die Polizei gegen eine nächtliche Ruhestörung durch "Partylärm" vorgehen soll, muss die Behörde zunächst ihr Entschließungsermessen ausüben. Sie muss also prüfen, ob ein Einschreiten angebracht ist. Ein Ermessensnichtgebrauch läge vor, wenn die Beamten automatisch davon ausgehen würden, dass sie auf jeden Fall zum Einschreiten verpflichtet sind.*

Ermessensfehlgebrauch

Ein **Ermessensfehlgebrauch** liegt vor, wenn sich die Behörde *nicht ausschließlich vom Zweck der Ermessensvorschrift leiten lässt*.

Die Behörde handelt dann ermessensfehlerhaft, wenn sie die *gesetzlichen Zielvorstellungen nicht beachtet*, sprich wenn sie die *für die Ermessensausübung maßgeblichen Gesichtspunkte* (also alle öffentlichen und privaten Interessen, die nach der jeweiligen Ermessensnorm zu beachten sind) *nicht oder nicht ausreichend in ihre Erwägungen einbezieht* oder wenn sie sich bei ihrer Ermessensentscheidung *von Gesichtspunkten leiten lässt, die nicht in die Ermessensentscheidung einbezogen werden dürfen* (insbesondere persönliche Motive). Der Fehler beruht hier auf der "Art und Weise", wie die Behörde zu ihrer Entscheidung gelangt ist.

> ***Bsp.:*** *Ermessensfehlerhaft wäre z. B. die Berücksichtigung privater oder politischer Freundschaft.*

Zur Klärung der Frage, ob für die Entscheidung maßgebliche Gesichtspunkte nicht oder nicht ausreichend berücksichtigt wurden, bzw. ob die Behörde sachfremde Erwägungen miteinbezogen hat, muss zunächst geklärt werden, welche Erwägungen und Gesichtspunkte im konkreten Fall zu berücksichtigen sind und welche nicht. Dies ergibt sich insbesondere aus der angewandten Vorschrift bzw. dem Verwaltungsbereich, in dem die Maßnahme ergeht.

> *Bsp.: Im Polizei- und Ordnungsrecht sind alle mit der Gefahrenabwehr zusammen-hängenden Erwägungen sachgemäß. Rein finanzielle Erwägungen sind dagegen sachfremd, die Gefahrenabwehr darf nicht deshalb scheitern, weil Kosten entstehen. Im Bauplanungsrecht sind nur diejenigen Erwägungen sachgemäß, die sich an dem in § 1 BauGB aufgeführten Zweck orientieren.*

Ein Ermessensfehlgebrauch liegt auch dann vor, wenn die Behörde ihrer Ermessens-entscheidung *unzutreffende, tatsächliche Feststellungen* zugrunde legt.

> *Bsp.: Eine Baugenehmigung wird mit der Begründung abgelehnt, dass das geplante Bauwerk zu dicht an der Grundstücksgrenze liegt. In Wirklichkeit ist aber der vorgeschriebene Abstand eingehalten worden.*

Verstoß gegen Grundrechte und allgemeine Verwaltungsgrundsätze

Die Verwaltung ist an die Grundrechte und die allgemeinen Verwaltungsgrundsätze (hier insbesondere an die Erforderlichkeit und Verhältnismäßigkeit) gebunden. Sie muss diese deshalb bei ihren Ermessenserwägungen beachten. **Verstößt die erlassene Maßnahme gegen Grundrechte** (z. B. gegen Art. 3 I GG) **oder allgemeine Verwaltungsgrundsätze** (z. B. weil sie nicht verhältnismäßig ist), ist die Entscheidung ermessensfehlerhaft und der VA rechtswidrig.

Klausur-hinweis

Verstößt die Maßnahme gegen Grundrechte oder allgemeine Verwaltungsgrundsätze, hat die Verwaltung bei ihren Ermessenserwägungen für die Ermessensausübung maßgeb-liche Gesichtspunkte (nämlich die Grundrechte oder die allgemeinen Verwaltungsgrundsätze) nicht (ausreichend) beachtet. Es handelt sich deshalb eigentlich um einen Fall des Ermessensfehlgebrauchs.

In der **Klausur** ist es aber aus Übersichtlichkeitsgründen vernünftig, dies in einem eigenen Unterpunkt zu prüfen (allerdings innerhalb der Ermessensprüfung!).

Exkurs

Das Verhältnismäßigkeitsprinzip

Das Prinzip der Verhältnismäßigkeit stellt auf die Zweck-Mittel-Relation ab. Eine Maßnahme, die als Mittel zur Erreichung eines bestimmten Zwecks (oder Erfolgs) eingesetzt wird, muss verhältnismäßig i.w.S. sein. Verhältnismäßig ist eine Maßnahme dann, *wenn sie geeignet, erforderlich und verhältnismäßig i.e.S. ist.*

Die Maßnahme ist dann **geeignet**, wenn sie *den erstrebten Erfolg überhaupt zu erreichen vermag*, bzw. wenn sie den verfolgten Zweck *fördert.*

Die Maßnahme ist nur dann **erforderlich**, wenn *nicht ein ebenso geeignetes, aber (den Betroffenen und die Allgemeinheit) weniger belastendes Mittel zur Verfügung steht*, sprich es muss sich um das "mildeste Mittel" handeln.

Die **Verhältnismäßigkeit i.e.S.** fehlt, wenn *die mit der Maßnahme verbundenen Nachteile schwerwiegender sind als ihr Nutzen*, sprich sie nicht außer Verhältnis zum erstrebten Erfolg steht.

Außer bei Ermessensentscheidungen kommt das Verhältnismäßigkeitsprinzip auch zur Anwendung, wenn es ausdrücklich gesetzlich vorgeschrieben ist, wie das z. B. in den Polizei- und Ordnungsgesetzen der Fall ist.

Bei gebundenen Entscheidungen ist bei Bedenken wegen der Verhältnismäßigkeit der Maßnahme zu prüfen, ob nicht die Ermächtigungsgrundlage verfassungswidrig ist. Denn wird eine verfassungsmäßige, auf eine zwingende Rechtsfolge gerichtete Rechtsnorm richtig angewendet, kann das Verhältnismäßigkeitsprinzip nicht verletzt sein.

Exkurs

Ermessensreduzierung

Ermessen bedeutet, dass die Verwaltung die Wahl zwischen verschiedenen Verhaltensweisen hat. Im Einzelfall können aber die Ermessensgrenzen die Wahlmöglichkeit *auf eine einzige Alternative reduzieren*. Das ist dann der Fall, wenn *alle anderen Entscheidungen ermessensfehlerhaft wären*. Die Behörde ist dann *verpflichtet*, diese eine ihr noch verbleibende Entscheidung zu „wählen". Man spricht in diesen Fällen von „**Ermessensreduzierung auf Null**", vgl. hierzu VerwR 2.

4) Die Rechtsverletzung des Klägers

Nach § 113 I S.1 VwGO ist eine Anfechtungsklage nur dann begründet, wenn der VA objektiv rechtswidrig ist und der Kläger *dadurch in einem subjektiven Recht verletzt wird*.

Diese subjektive Rechtsverletzung ist beim Adressaten eines belastenden VA unproblematisch, da ein *rechtswidriger* belastender VA den Adressaten jedenfalls zumindest in seinem Grundrecht aus Art. 2 I GG verletzt. Denn eine belastende Maßnahme greift immer in Grundrechte, zumindest in Art. 2 I GG ein. Ein Grundrechtseingriff kann aber nur von den Grundrechtsschranken gedeckt sein, wenn er rechtmäßig ist.

Bei den sog. Drittbeteiligungsfällen (Kläger ist also nicht Adressat des VA), ist zu klären, ob der Kläger durch den rechtswidrigen VA auch in einem subjektiven Recht verletzt wird. Das ist nur dann der Fall, *wenn der VA eine Rechtsnorm verletzt, die (zumindest auch) dem Schutz von Individualinteressen dient und der Kläger zum geschützten Personenkreis zählt* (vgl. unter 3. Kapitel I, 2a, b und d), so dass der VA ein geschütztes Interesse des Klägers verletzt.

Es genügt also nicht, dass der VA rechtswidrig ist (z. B. weil eine Norm objektiven Rechts verletzt wurde), sondern der VA *muss* eben gerade *ein subjektives Recht des Klägers verletzen.*

Klausur-hinweis	Bei Anfechtungsklagen gegen belastende VA durch den Adressaten genügt in der **Klausur** der Hinweis, dass aufgrund der Rechtswidrigkeit des belastenden VA der Kläger jedenfalls in seinem subjektiven Recht aus Art. 2 I GG verletzt wird. Soweit bei den Drittbeteiligungsfällen im Rahmen der Klagebefugnis schon festgestellt wurde, dass die verletzte Norm ein subjektive Recht beinhaltet und dass der Kläger zum geschützten Personenkreis zählt, ist in der **Klausur** an dieser Stelle nur noch zu klären, ob der VA gerade diese subjektive Rechtsnorm verletzt oder ob sich im Rahmen der Begründetheitsprüfung ergeben hat, dass der VA zwar rechtswidrig ist (weil er gegen eine objektive Rechtsnorm verstößt), aber die geltend gemachte Verletzung des subjektiven Rechts nicht vorliegt. Dann fehlt es trotz der Rechtswidrigkeit des VA an der Verletzung eines subjektiven Rechts und die Klage ist unbegründet.

Zu beachten ist weiter, dass ein Verstoß gegen formelle Vorschriften u. U. nach § 46 VwVfG unbeachtlich ist, vgl. hierzu den Exkurs im 3. Kapitel unter II, 2.

Bei Vorliegen der Voraussetzungen des § 46 VwVfG bleibt der VA zwar rechtswidrig, es fehlt aber an der subjektiven Rechtsverletzung des Klägers.

Fall 8:

Der Ausländer A, der wegen gefährlicher Körperverletzung zu einer Geldstrafe verurteilt wurde, wird von der zuständigen Behörde mit der Begründung ausgewiesen, wer sich strafbar mache, könne nicht in der Bundesrepublik bleiben. Andere Gesichtspunkte, wie z. B. die Folgen für die Familie des A oder sein ansonsten langjähriger vorbildlicher Aufenthalt könnten nicht berücksichtigt werden.
Ist die Ausweisung rechtmäßig?

Lösungsvorschlag

1. Ermächtigungsgrundlage
Als Ermächtigungsgrundlagen für die Ausweisung kommen die §§ 53 ff AufenthG in Betracht, die regeln, unter welchen Voraussetzungen ein Ausländer ausgewiesen werden kann.

In Betracht kommt hier § 55 AufenthG. Eine Muss-Ausweisung nach § 53 AufenthG oder eine Regel-Ausweisung nach § 54 AufenthG kommt hier nicht in Betracht, da diese Ermächtigungsgrundlagen die Verurteilung zu einer Freiheitsstrafe voraussetzen (und damit im vorliegenden Fall die Tatbestandsvoraussetzungen nicht vorliegen).

2. Vorliegen der Tatbestandsvoraussetzungen

Nach § 55 AufenthG kann ein Ausländer dann ausgewiesen werden, wenn sein Aufenthalt die öffentliche Sicherheit und Ordnung oder sonstige erhebliche Interessen der Bundesrepublik beeinträchtigt.

Gemäß § 55 I, II Nr. 2 AufenthG ist dies insbesondere der Fall, wenn der Ausländer einen nicht nur vereinzelten oder geringfügigen Verstoß gegen Rechtsvorschriften begangen hat.

A ist hier wegen vorsätzlicher gefährlicher Körperverletzung verurteilt worden, die eine nicht unerhebliche Straftat darstellt. Die Voraussetzungen des § 55 I, II Nr. 2 AufenthG liegen damit vor.

3. Ermessensfehlerfreie Entscheidung

Nach § 55 I, II Nr. 2 AufenthG "kann" die Behörde bei Vorliegen der Tatbestandsvoraussetzungen den Ausländer ausweisen. Die Vorschrift räumt der Verwaltung Ermessen ein. Zu prüfen ist deshalb, ob die Verwaltung bei ihrer Entscheidung den A auszuweisen, ermessensfehlerfrei gehandelt hat.

Bezüglich des Auswahlermessens (also der Frage, wie die Verwaltung tätig werden will, sprich welche von verschiedenen zulässigen Maßnahmen sie ergreifen will) wird der Verwaltung durch § 55 AufenthG kein Ermessen eingeräumt, da als Rechtsfolge ausschließlich die Ausweisung in Betracht kommt.

Allerdings könnte hier bezüglich des Entschließungsermessens, also der Frage, ob die Verwaltung überhaupt tätig werden will, ein Ermessensfehler vorliegen.

Im vorliegenden Fall hat die Behörde die Ausweisung damit begründet, dass wer sich strafbar gemacht habe, nicht mehr in der Bundesrepublik bleiben könne. Sie hat damit verkannt, dass ihr nach § 55 I AufenthG ein Ermessen eingeräumt wird, von dem sie in der Weise *Gebrauch machen muss*, dass sie die für und gegen die Ausweisung sprechenden Gesichtspunkte gegeneinander abwägt. Dabei stellt § 55 I Nr. 1 und 2 AufenthG eindeutig klar, dass die Folgen für Familienangehörige und die Dauer des rechtmäßigen Aufenthaltes bei der Entscheidung zu berücksichtigen sind. Damit liegt wegen der Nichtbeachtung der für die Ermessensentscheidung maßgeblichen Gesichtspunkte nicht nur ein Ermessensfehlgebrauch vor, sondern es handelt sich hier sogar um einen Ermessensnichtgebrauch, da die Behörde fälschlicherweise davon ausging, dass derjenige Ausländer, der sich strafbar gemacht habe, ausgewiesen werden muss und sie somit von ihrem Ermessen gar keinen Gebrauch gemacht hat.

Die Maßnahme ist damit ermessensfehlerhaft und somit rechtswidrig.

1. Wann ist ein VA materiell rechtmäßig?

   Der VA ist materiell rechtmäßig, wenn die Tatbestandsvoraussetzungen der Ermächtigungsgrundlage zum Zeitpunkt des Erlasses des VA vorlagen, die Regelung des VA durch die Ermächtigungsgrundlage gedeckt ist und die Entscheidung ermessensfehlerfrei erfolgte.

2. Was wird in der Ermächtigungsgrundlage geregelt?

   Die Ermächtigung regelt zum einen die Voraussetzungen, die vorliegen müssen, damit die Behörde einen VA erlassen darf und zum anderen, welche Maßnahmen bei Vorliegen der Voraussetzungen jeweils ergriffen werden dürfen/müssen.

3. Wann spielt der Zeitpunkt für die Beurteilung der Rechtmäßigkeit eines VA eine Rolle?

   Dann, wenn seit dem Erlass des VA eine Änderung der Sach- oder Rechtslage in Betracht kommt.

4. Welcher Zeitpunkt ist für die Beurteilung der Rechtmäßigkeit grundsätzlich entscheidend?

   Bei der Anfechtungsklage ist der maßgebliche Zeitpunkt grundsätzlich der Zeitpunkt der letzten Behördenentscheidung (entweder der Zeitpunkt des Erlasses des VA oder des Widerspruchsbescheides).

5. Wann ist ausnahmsweise der Zeitpunkt der letzten mündlichen Verhandlung entscheidend?

   Wenn der erlassene VA noch nicht vollzogen ist oder wenn es sich um einen VA mit Dauerwirkung handelt.

6. Welche Art von Fehlern können der Behörde bei der Frage, ob die tatbestandlichen Voraussetzungen der Ermächtigungsgrundlage vorliegen oder nicht, unterlaufen?

   Die Behörde kann zum einen von unrichtigen Tatsachen ausgehen, weil sie den tatsächlichen Sachverhalt nicht oder nicht richtig ermittelt hat oder entscheidungserhebliche Tatsachen falsch bewertet (unrichtige Tatsachenfeststellung) und zum anderen die Tatbestandsmerkmale der Ermächtigungsgrundlage falsch auslegen oder anwenden (unrichtige Rechtsanwendung, sog. Subsumtionsfehler).

7. Bei welcher Art von Entscheidungen führt das Vorliegen der Tatbestandsvoraussetzungen schon zur Rechtmäßigkeit des VA?

   Bei gebundenen Entscheidungen.

8. Was ist der Unterschied zwischen einer gebundenen Entscheidung und einer Ermessensentscheidung?

   Bei gebundenen Entscheidungen ist die Behörde bei Vorliegen der Tatbestandsvoraussetzungen verpflichtet, die jeweilige Maßnahme zu ergreifen, bei Ermessensentscheidungen liegt es bei Vorliegen der Tatbestandsvoraussetzungen im Ermessen der Behörde, ob / wie sie handelt.

9. In Bezug auf welche Entscheidungen muss die Behörde bei Ermessensentscheidungen ihr Ermessen ausüben?

Zum einen in Bezug auf die Frage, ob sie überhaupt tätig werden will (Entschließungsermessen) und zum anderen in Bezug auf die Frage, welche von verschiedenen zulässigen Maßnahmen sie ergreifen will (Auswahlermessen).

10. Welche Ermessensfehler lassen sich unterscheiden?

Ermessensüberschreitung, Ermessensnichtgebrauch, Ermessensfehlgebrauch und Verstoß gegen Grundrechte und allg. Verwaltungsgrundsätze.

11. Wann liegt ein Ermessensfehlgebrauch vor?

Wenn die Behörde die gesetzlichen Zielvorstellungen nicht beachtet, sprich wenn sie die für die Ermessensausübung maßgeblichen Gesichtspunkte nicht oder nicht ausreichend in ihre Erwägungen einbezieht oder wenn Gesichtspunkte miteinbezogen werden, die nicht miteinbezogen werden dürfen.

12. Um was für einen Ermessensfehler handelt es sich, wenn die Maßnahme gegen das Verhältnismäßigkeitsprinzip verstößt?

Es handelt sich dann um einen Ermessensfehlgebrauch, da die Behörde das bei ihrer Entscheidung zu beachtende Verhältnismäßigkeitsprinzip nicht oder nicht ausreichend beachtet hat.

13. Wann muss die Verhältnismäßigkeit der Maßnahme geprüft werden?

Zum einen, wenn ausdrücklich gesetzlich normiert ist, dass die Maßnahme verhältnismäßig sein muss und zum anderen bei allen Maßnahmen, die aufgrund einer Ermessensentscheidung erlassen wurden.

14. Ist die Anfechtungsklage gegen einen rechtswidrigen VA immer begründet?

Nein, neben der Rechtswidrigkeit des VA, ist für die Begründetheit der Klage auch noch erforderlich, dass der Kläger dadurch in einem subjektiven Recht verletzt wird.

15. Wann ist die Prüfung der subjektiven Rechtsverletzung besonders wichtig?

Bei den sog. Drittbeteiligungsfällen. Es muss geprüft werden, ob das geltend gemachte subjektive Recht auch tatsächlich durch den VA verletzt wird.

III. Sonderprobleme der Anfechtungsklage

1) Die Anfechtung von Nebenbestimmungen

Verwaltungsakte können auch mit sog. **Nebenbestimmungen** erlassen werden. Jeder VA enthält eine Regelung. Diese Hauptregelung kann nun durch eine zusätzliche Bestimmung ergänzt oder beschränkt werden. Diese sog. Nebenbestimmungen ermöglichen also, die Regelung des VA in spezifischer Weise einzuschränken und sind erforderlich, damit die Verwaltung im Einzelfall individuell und flexibel reagieren kann.

Bei VA mit Nebenbestimmungen handelt es sich regelmäßig um begünstigende VA (Genehmigung, Erlaubnis, Zuschüsse) mit einer belastenden Nebenbestimmung. Es stellt sich deshalb die Frage, inwieweit der Betroffene die Möglichkeit hat, eine Nebenbestimmung isoliert anzufechten.

Bsp.: B beantragt den Erlass einer Baugenehmigung zum Bau eines Wohnhauses mit Satteldach. Die Verwaltung erlässt daraufhin eine Baugenehmigung mit der Einschränkung, dass nur ein Gebäude mit Flachdach errichtet werden darf. B möchte nun nicht die Baugenehmigung selbst anfechten, sondern lediglich die Bestimmung, die ihm den Bau eines Satteldaches untersagt.

Eine Genehmigung zum Betrieb eines Kieswerkes wird mit der Einschränkung versehen, dass ein bestimmter Lärmpegel nicht überschritten werden darf. Der Betreiber möchte nun gegen diese Einschränkung vorgehen.

Klausur-hinweis
In der Klausur spielt die Problematik des VA mit Nebenbestimmungen zunächst im Rahmen der Prüfung der statthaften Klageart eine Rolle. Hier muss geklärt werden, ob eine (isolierte) Anfechtungsklage gegen die Nebenbestimmung möglich ist, oder ob eine Verpflichtungsklage auf Erlass eines neuen VA ohne Nebenbestimmung erforderlich ist.

a) Die einzelnen Nebenbestimmungen

§ 36 VwVfG regelt, welche *Art von Nebenbestimmungen ein VA enthalten kann.*

Klausur-hinweis
In der **Klausur** ist im Rahmen der Prüfung der statthaften Klageart zunächst zu klären, ob es sich bei dem Zusatz, gegen den vorgegangen werden soll, überhaupt um eine Nebenbestimmung im Rechtssinne handelt (Problem der "echten" oder "unechten" Nebenbestimmung). Handelt es sich gar nicht um eine echte Nebenbestimmung, kommt eine isolierte Anfechtungsklage auch nicht in Betracht, es ist nichts da, was der Kläger durch Anfechtung beseitigen könnte.

Eine **Nebenbestimmung** liegt nur dann vor, wenn der Zusatz eine *eigenständige Regelung enthält* und vom Fortbestand des VA *abhängig* (akzessorisch) ist. Keine Nebenbestimmung liegt vor, wenn der VA nur *eine* Regelung trifft.

Oft ist es nur eine Sache der Formulierung, ob der Regelungsinhalt des VA nur positiv oder auch – durch die Verwendung von Einschränkungen – negativ umschrieben wird.

Einschränkungen (im Gegensatz zu eigenständigen Regelungen) kommen vor allem dann vor, wenn die Behörde *vom Antrag abweicht,* indem sie *entweder weniger (Teilgenehmigung) oder etwas anderes als beantragt (modifizierte Genehmigung)* gewährt. Es handelt sich dann um bloße **Inhaltsbestimmungen**, sprich um die *inhaltliche Begrenzung der Regelung* des VA. Es liegt dann keine eigenständige Regelung und damit auch keine Nebenbestimmung vor.

> ***Bsp.:*** *Eine solche inhaltliche Begrenzung der Regelung liegt vor, wenn statt des beantragten Satteldaches ein Flachdach genehmigt wird. B muss dann auf den Erlass einer Baugenehmigung für ein Wohnhaus mit Satteldach klagen, die isolierte Anfechtung der Beschränkung auf ein Flachdach ist hier nicht möglich, da der VA die Hauptregelung enthält: die Erlaubnis zum Bau eines Hauses mit Flachdach. Baut B dennoch ein Satteldach, verstößt er nicht gegen eine Auflage, sondern er baut ohne Baugenehmigung.*

Hinweis

Die Frage, ob es sich lediglich um eine bloße Inhaltsbestimmung oder um eine echte Nebenbestimmung handelt, ist oft schwierig zu beantworten. Entscheidend ist, ob der Zusatz eine eigenständige Regelung enthält oder ob er lediglich die vorhandene Regelung inhaltlich einschränkt. Es ist zu klären, ob der VA ohne den Zusatz noch hinreichend bestimmt wäre und eine eigenständige Regelung übrig bleibt.

Nicht um Nebenbestimmungen handelt es sich auch dann, wenn das Gesetz oder die Behörde lediglich die Terminologie von § 36 II VwVfG benutzt.

> ***Bsp.:*** *Bei einer nach § 15 I VersG möglichen "Auflage" handelt es sich um einen eigenständigen VA, da eine Versammlung unter freiem Himmel nicht genehmigungsbedürftig, sondern nur anmeldepflichtig ist, so dass die "Auflagen" selbständige Ge- oder Verbote sind.*

Wird in einem Hinweis nur auf eine bestimmte Rechtslage hingewiesen, so dass dieser Zusatz keinen eigenen Regelungsgehalt hat, handelt es sich ebenfalls nicht um eine echte Nebenbestimmung.

> ***Bsp.:*** *Wird eine Baugenehmigung mit dem Hinweis versehen, dass die Erlaubnis erlischt, wenn innerhalb von zwei Jahren nicht mit dem Bauvorhaben begonnen wird, handelt es sich nur um einen Hinweis auf die bestehende Rechtslage (vgl. die jeweiligen BauO) und nicht um eine Nebenbestimmung.*

Klausur-hinweis

Nachdem geklärt wurde, dass es sich um eine echte Nebenbestimmung handelt (und nicht etwa lediglich um eine Inhaltsbestimmung des VA) muss in der **Klausur** geklärt werden, um was für eine Nebenbestimmung es sich handelt.

§ 36 II VwVfG unterscheidet zwischen Befristung, Bedingung, Widerrufsvorbehalt, Auflage und Auflagenvorbehalt.

Befristung und Bedingung

Befristung und Bedingung bestimmen den **zeitlichen Geltungsbereich** (die innere Wirksamkeit) des VA.

Die **Befristung** nach § 36 II Nr. 1 VwVfG legt den Beginn oder das Ende der Wirksamkeit des VA auf einen *bestimmten Termin* fest.

Die **Bedingung** nach § 36 II Nr. 2 VwVfG macht den Beginn oder das Ende der Wirksamkeit des VA von einem *bestimmten Ereignis* abhängig, dessen Eintritt noch ungewiss ist. Dabei ist sowohl ungewiss, wann das Ereignis eintritt, noch ob es überhaupt eintritt.

Wird der VA erst mit Eintritt des Ereignisses wirksam, handelt es sich um eine **aufschiebende Bedingung**, ist der VA zunächst wirksam und verliert er diese Wirksamkeit durch den Eintritt der Bedingung, handelt es sich um eine **auflösende Bedingung**.

Ein Unterschied zwischen Befristung und Bedingung liegt darin, dass bei der Befristung der Zeitpunkt mit Sicherheit eintritt und bei der Bedingung ungewiss ist, ob sie eintritt oder nicht.

> ***Bsp.:*** *Um eine Befristung handelt es sich, wenn z. B. eine straßenrechtliche Sondernutzungserlaubnis bis zu einem bestimmten Termin erteilt wird oder eine Aufenthaltsgenehmigung zum Ende eines Jahres abläuft. Mit Ablauf der Frist wird der VA automatisch unwirksam, d. h. die Sondernutzungserlaubnis, das Aufenthaltsrecht erlischt.*
>
> *Eine aufschiebende Bedingung liegt vor, wenn eine Baugenehmigung unter der Bedingung erteilt wird, dass noch zusätzliche Parkmöglichkeiten geschaffen werden. Eine auflösende Bedingung liegt vor, wenn eine Aufenthaltserlaubnis nur für die Dauer der Beschäftigung in einem bestimmten Betrieb erteilt wird.*

Beim **Widerrufsvorbehalt** handelt es sich um einen besonderen Fall der auflösenden Bedingung. Hier ist das "Ereignis", das das Ende der Wirksamkeit des VA herbeiführt, der von der Behörde erklärte Widerruf. Ein Widerrufsvorbehalt macht es der Behörde wesentlich leichter, den VA gegebenenfalls zu widerrufen, da hier kein schutzwürdiges Vertrauen entstehen kann.

Da die Befristung und die Bedingung lediglich den Beginn und das Ende der Wirksamkeit eines VA bestimmen, enthalten sie *keine eigene Sachregelung*, sondern sie begrenzen lediglich die Hauptregelung. Es handelt sich deshalb um *unselbständige Bestandteile des VA*.

Auflage

Die **Auflage** dagegen enthält eine *eigene Sachregelung*, nämlich die Verpflichtung des durch den VA Begünstigten zu einem bestimmten Tun, Dulden oder Unterlassen, vgl. § 36 II Nr. 4 VwVfG.

Sie ist daher ein *eigenständiger VA* (der auch selbständig vollstreckt werden kann). Es handelt sich aber dennoch um eine Nebenbestimmung, da sich die Auflage auf den Grund-VA bezieht und ihre Wirksamkeit und Durchsetzbarkeit vom Grund-VA abhängt. Die Auflage ist akzessorisch.

> **Bsp.:** *A enthält eine Fahrerlaubnis mit der Auflage, regelmäßig einen Sehtest zu machen.*
>
> *B wird eine Baugenehmigung erteilt, mit der Auflage, innerhalb eines Jahres das Grundstück zu umzäunen.*

Die Auflage hat folglich *andere Rechtswirkungen* als die Befristung und Bedingung, weshalb sie streng von der Befristung und Bedingung zu unterscheiden ist. Befristung und Bedingung haben *einen unmittelbaren Einfluss auf die Rechtswirksamkeit* des Grund-VA: Der VA wird erst mit Eintritt der Bedingung/des konkreten Termins wirksam, bzw. er wird mit Eintritt der Bedingung/des konkreten Termins unwirksam.

Die Auflage dagegen lässt die *Wirksamkeit des Grund-VA unberührt*. Die Nichterfüllung der Auflage ändert nichts an der Wirksamkeit des VA.

Allerdings kann die Behörde bei Nichterfüllung der Auflage gemäß § 49 II Nr. 2 VwVfG den Grund-VA widerrufen und damit beseitigen.

Weiter kann die Auflage im Gegensatz zur Befristung oder Bedingung von der Verwaltung *isoliert vom Grund-VA durchgesetzt (vollstreckt) werden*.

> **Bsp.:** *Kommt B seiner Verpflichtung zur Umzäunung seines Grundstückes nicht nach, wird dadurch die Baugenehmigung nicht unwirksam. Die Verwaltung hat aber die Möglichkeit, die Verpflichtung zur Umzäunung selbständig durchzusetzen.*

Ein **Abgrenzungsproblem** ergibt sich insbesondere zwischen einer Auflage und einer aufschiebenden Bedingung, wenn das "Ereignis" der aufschiebenden Bedingung ein bestimmtes Verhalten des Betroffenen, d. h. ein Tun, Dulden oder Unterlassen ist.

Für die Abgrenzung kommt es auf den *Willen der Behörde an, wie er sich einem objektiven Empfänger darstellt*. Entscheidend sind die unterschiedlichen Rechtswirkungen der verschiedenen Nebenbestimmungen, die Bezeichnung als Auflage oder Bedingung hat nur Indiziencharakter.

Eine aufschiebende Bedingung ist deshalb dann anzunehmen, wenn der Umstand für die Behörde so wichtig ist, dass davon die *Rechtswirksamkeit des VA* abhängen soll. Dagegen ist von einer Auflage auszugehen, wenn es der Behörde wesentlich *auf die Durchsetzbarkeit ankommt* (eine Bedingung ist ja nicht durchsetzbar).

Im Zweifel ist von einer Auflage auszugehen, da diese wegen der unabhängigen Wirksamkeit des Grund-VA für den Bürger günstiger ist und von der Verwaltung vollstreckt werden kann.

Bsp.: Bei der Nebenbestimmung, die den B zur Umzäunung verpflichtet, geht es der Behörde um die Durchsetzbarkeit, nicht um die Wirksamkeit der Baugenehmigung. Es handelt sich um eine Auflage.

Auflagenvorbehalt

Gemäß § 36 II Nr. 5 VwVfG kann der VA mit einem **Auflagenvorbehalt** versehen werden. Es handelt sich dabei um die Ankündigung, dass später gegebenenfalls noch eine Auflage ergeht oder eine bestehende Auflage geändert wird. Ein solcher Vorbehalt kommt dann in Betracht, wenn zum Zeitpunkt des Erlasses des VA noch nicht klar ist, welche Auswirkungen er haben wird (z. B. Lärmbelästigung bei Erteilung einer Gaststättengenehmigung). Wie der Widerspruchsvorbehalt, schließt der Auflagenvorbehalt die Entstehung schutzwürdigen Vertrauens aus.

Modifizierende Auflage

Von einer **modifizierten Auflage** (die gesetzlich nicht geregelt ist) spricht man bei "Auflagen", die nicht (wie die normale Auflage) eine zusätzliche Leistungspflicht begründen, sondern *den Inhalt des VA "qualitativ verändern, also modifizieren".* Der Bürger erhält nicht das beantragte sondern ein aliud.

Im Ergebnis handelt es sich dann aber gar nicht um eine Auflage, sondern um eine inhaltliche Einschränkung der Regelung des Grund-VA und damit um eine Inhaltsbestimmung, also um keine echte Nebenbestimmung, vgl. oben.

b) Statthafte Klageart

Ausgangssituation ist, dass der Betroffene einen begünstigenden VA mit einer belastenden Nebenbestimmung erhalten hat und nun gegen die Nebenbestimmung vorgehen möchte.

Bsp.: G erhält eine Erlaubnis zum Betrieb einer Gaststätte mit der Auflage, keine alkoholischen Getränke zu verkaufen. G möchte gegen diese Auflage vorgehen.

Bei der isolierten Anfechtung handelt es sich um eine Teilanfechtung. Der VA muss sich deshalb *"teilen lassen".* Unstrittig ist, dass "unechte" Nebenbestimmungen nicht isoliert anfechtbar sind, eine Teilung ist gar nicht möglich. Welche Nebenbestimmungen unter welchen Voraussetzungen isoliert anfechtbar sind, ist dagegen noch umstritten.

Nach der Klärung, ob es sich überhaupt um eine echte Nebenbestimmung handelt (wenn nicht, z. B. weil es sich lediglich um eine Inhaltsbegrenzung handelt, ist eine Verpflichtungsklage auf den Erlass eines uneingeschränkten VA statthaft), stellt sich in der **Klausur** im Rahmen der Prüfung der statthaften Klageart die Frage, ob die Nebenbestimmung isoliert anfechtbar ist. Zu beachten ist auch, dass im Falle der möglichen isolierten Anfechtung für eine Verpflichtungsklage das Rechtsschutzbedürfnis fehlen würde (zudem ist die isolierte Anfechtung für den Betroffenen günstiger, da dann der begünstigende VA bestehen bleibt).

Keine isolierte Anfechtung bei unteilbaren Ermessensentscheidungen

Teilweise wird vertreten, dass eine Trennung und damit eine isolierte Anfechtung dann ausscheidet, wenn der Entscheidung über VA und Nebenbestimmung eine einheitliche Ermessensentscheidung zugrunde liegt, da die isolierte Anfechtung dann ein unzulässiger Eingriff in den Ermessensfreiraum der Behörde darstelle. Es sei nicht klar, ob die Verwaltung den Grund-VA ohne die Nebenbestimmung so erlassen hätte.

Entscheidend für die isolierte Anfechtbarkeit einer Nebenbestimmung ist, ob der VA und die Nebenbestimmung teilbar (trennbar) sind.

Dabei ist davon auszugehen, dass *grundsätzlich* der VA und die Nebenbestimmung teilbar sind und *sämtliche Nebenbestimmungen damit isoliert anfechtbar und aufhebbar sind*. Aus § 113 I S.1 VwGO ("soweit") ergibt sich die abstrakte Teilbarkeit von VA und Nebenbestimmungen und damit die grundsätzliche isolierte Anfechtbarkeit von allen Nebenbestimmungen.

An der Teilbarkeit und damit an der isolierten Anfechtbarkeit fehlt es aber dann, *wenn der VA ohne die Nebenbestimmung keinen Bestand haben kann.*

Das ist insbesondere dann der Fall, wenn das Wegfallen der Nebenbestimmung zur Rechtswidrigkeit des Grund-VA führen würde.

In der **Klausur** ergibt sich hier das Problem, dass im Rahmen der Prüfung der statthaften Klageart oft *noch nicht geklärt werden kann*, *ob die Nebenbestimmung vom Grund-VA abtrennbar ist* oder ob der VA ohne Nebenbestimmung keinen Bestand haben kann und deshalb nicht die Anfechtungsklage, sondern die Verpflichtungsklage auf Erlass eines neuen VA ohne die Nebenbestimmung statthaft ist.

Auf jeden Fall ist an dieser Stelle aber zu klären, ob es sich überhaupt um eine echte und um was für eine Nebenbestimmung es sich handelt, um dann gegebenenfalls auf die Verpflichtungsklage überzugehen.

Es empfiehlt sich deshalb *bei der Prüfung der statthaften Klageart* die *Anfechtbarkeit einer Auflage stets* und die Anfechtbarkeit einer Befristung, Bedingung und eines Widerrufsvorbehalts dann zuzulassen, *wenn die Möglichkeit besteht, dass die Behörde den VA auch ohne Nebenbestimmung hätte erlassen können.*

Stellt sich dann in der Begründetheitsprüfung heraus, dass eine isolierte Anfechtung ausnahmsweise doch nicht möglich ist, weil der Grund-VA ohne die Nebenbestimmung keinen Bestand haben kann, kann über § 88 VwGO der Klageantrag in eine Verpflichtungsklage umgedeutet werden.

Ist die *Unteilbarkeit* dagegen *offensichtlich*, empfiehlt es sich, dies schon bei der Prüfung der Klageart festzustellen um so direkt auf die Verpflichtungsklage als richtige Klageart zu kommen.

Prüfungsschema zur isolierten Anfechtungsklage

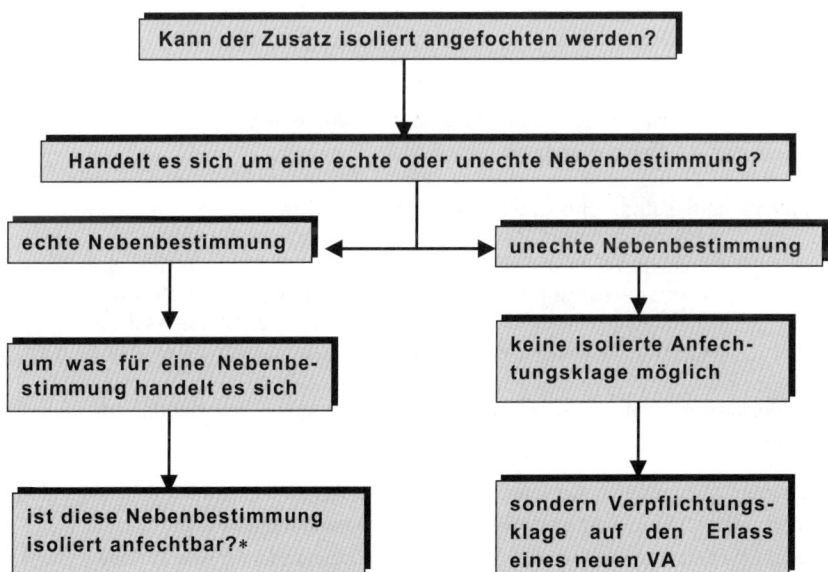

* diese Frage kann u. U. bei der Prüfung der statthaften Klageart noch nicht abschließend geklärt werden. Ist eine Teilung von VA und Nebenbestimmung nicht offensichtlich nicht möglich, ist im Rahmen der Prüfung der statthaften Klageart von der Teilbarkeit und der isolierten Anfechtbarkeit auszugehen.

c) Materielle Rechtmäßigkeit

Nach § 113 I VwGO ist die Anfechtungsklage begründet, wenn die Auflage rechtswidrig ist und der Kläger dadurch in seinen Rechten verletzt wird.

Im Rahmen der materiellen Rechtmäßigkeitsprüfung der isolierten Anfechtungsklage gegen Nebenbestimmungen ist zunächst zu prüfen, ob die angegriffene Nebenbestimmung überhaupt *zulässig ist.*

Erforderlich ist eine Ermächtigungsgrundlage, die die Verwaltung zum Erlass einer Nebenbestimmung ermächtigt.

In erster Linie gelten **Spezialvorschriften**, nach denen Nebenbestimmungen unter bestimmten Voraussetzungen oder nach Ermessen zulässig sind.

> *Bsp.:* *Nach § 5 I GastG kann die Erlaubnis zum Betrieb eine Gaststätte mit Auflagen versehen werden. Aus § 5 I GastG ergeben sich die Voraussetzungen, die vorliegen müssen, also die Rechtmäßigkeitsvoraussetzungen der Auflage. So sind z. B. Auflagen zulässig, die zum Schutze gegen schädliche Umwelteinflüsse erteilt werden, vgl. § 5 I Nr. 3 GastG.*
>
> *§ 12 I BImSchG regelt, dass die nach § 4 BImSchG erforderliche Genehmigung unter Bedingungen oder mit Auflagen erteilt werden kann. Um rechtmäßig zu sein, müssen die Bedingungen/Auflagen aber zur Erfüllung der in § 6 BImSchG genannten Genehmigungsvoraussetzungen erforderlich sein, vgl. § 12 I BImSchG.*

Liegen die genannten Voraussetzungen nicht vor oder wurde die Entscheidung der Behörde, eine bestimmte Nebenbestimmung zu erlassen, ermessensfehlerhaft getroffen, ist die Nebenbestimmung rechtswidrig.

Hinweis Die Zulässigkeit von Auflagen hat nichts mit den Zulässigkeitsvoraussetzungen der Klage zu tun. Stellt sich heraus, dass im konkreten Fall die Nebenbestimmung "unzulässig" ist, weil die Voraussetzungen nicht vorliegen (z. B. weil sie nicht dem in der Spezialvorschrift genannten Zweck dient oder weil sie gegen § 36 VwVfG verstößt), ist die Auflage rechtswidrig.

Aus Spezialvorschriften kann sich auch die Unzulässigkeit von Nebenbestimmungen ergeben.

Bei einigen VA ergibt sich aus ihrem Wesen, dass sie keine Nebenbestimmung dulden. In einem solchen Fall ist eine erteilte Nebenbestimmung rechtswidrig.

> *Bsp.:* *Eine Einbürgerung kann nicht unter einer Bedingung oder mit einer Auflage verbunden werden. Es muss eindeutig feststehen, ob jemand deutscher Staatsbürger ist oder nicht.*

Kommen keine Spezialvorschriften zur Anwendung, ergibt sich aus **§ 36 VwVfG**, ob im konkreten Fall eine Auflage zulässig (also rechtmäßig) ist oder nicht.

§ 36 I VwVfG gilt für alle VA, "auf die ein Anspruch besteht", sprich für **gebundene VA**. VA, die aufgrund einer Ermächtigungsgrundlage erlassen werden, die der Behörde kein Ermessen einräumen (die Behörde also zum Erlass verpflichtet ist, wenn die Tatbestandsvoraussetzungen vorliegen), dürfen gemäß § 36 I VwVfG VA *nur dann* eine Nebenbestimmung enthalten, wenn sie *sicherstellt, dass die gesetzlichen Voraussetzungen für den VA erfüllt werden* oder wenn die Nebenbestimmung durch eine Rechtsvorschrift ausdrücklich zugelassen ist.

Soll durch die Nebenbestimmung das zukünftige Vorliegen einer noch fehlenden Tatbestandsvoraussetzung gewährleistet werden, ändert § 36 I VwVfG die Rechtmäßigkeitsvoraussetzungen eines VA (z. B. einer Genehmigung) dahingehend ab, dass der Erlass des VA rechtmäßig ist, auch wenn *noch* nicht alle Voraussetzungen vorliegen.

Bsp.: *Eine Baugenehmigung für ein nicht an die Kanalisation angeschlossenes Grundstück kann unter der Voraussetzung erteilt werden, dass eine Kleinkläranlage errichtet wird.*

Bei einer **Ermessensentscheidung** kann der VA gemäß § 36 II VwVfG nach Ermessen mit einer Nebenbestimmung erteilt werden. Hier liegt es ja in der Hand der Behörde, ob und wie sie einen VA erlassen will. Erlässt die Behörde einen VA aufgrund einer Ermächtigungsnorm, die ihr Ermessen einräumt, sind Nebenbestimmungen also grundsätzlich immer zulässig.

Gemäß § 36 III VwVfG ist eine Nebenbestimmung rechtswidrig, wenn sie *dem Zweck des VA zuwiderläuft*. § 36 III VwVfG gilt auch für Nebenbestimmungen aufgrund von Spezialvorschriften.

Klausur-hinweis	Bei der Prüfung der materiellen Rechtmäßigkeit einer Nebenbestimmung muss in der **Klausur** zunächst die Ermächtigungsgrundlage gefunden werden, die zum Erlass einer Nebenbestimmung berechtigt (entweder die Spezialvorschriften oder aber § 36 VwVfG). Sodann ist zu prüfen, ob die Voraussetzungen für den Erlass der Nebenbestimmung vorliegen und ob die Verwaltung eventuell eingeräumtes Ermessen (wie z. B. in § 36 II VwVfG) ermessensfehlerfrei ausgeübt hat.

Kommt man zu dem Ergebnis, dass die Nebenbestimmung rechtswidrig ist, ist für eine Teilaufhebung (und damit der Begründetheit der Anfechtungsklage) zusätzlich erforderlich, *dass die Aufrechterhaltung des verbleibenden VA auch ohne Nebenbestimmung rechtmäßig ist*, sprich, dass eine Teilung von Grund-VA und Nebenbestimmung möglich ist.

Handelt es sich um eine **gebundene Entscheidung** oder ist das Ermessen der Behörde auf Null reduziert, hat der Bürger einen Anspruch auf den Erlass des VA ohne die Nebenbestimmung, eine Teilung ist möglich und die Anfechtungsklage ist begründet.

Steht der Erlass des Grund-VA **im Ermessen der Behörde**, liegt eine Teilbarkeit nur dann vor, *wenn feststeht, dass die Verwaltung den Grund-VA auch ohne die Nebenbestimmung hätte erlassen dürfen und dies bei Kenntnis der Rechtswidrigkeit der Nebenbestimmung auch getan hätte.* Die Teilbarkeit ist dagegen zu verneinen, wenn ersichtlich ist, dass die Behörde den Grund-VA ohne die Nebenbestimmung nicht erlassen hätte, da es sich ansonsten um einen unzulässigen gerichtlichen Eingriff in den Ermessensfreiraum der Verwaltung handelt.

Es ist also insbesondere darauf abzustellen, ob die Behörde nach ihrem objektivierten und am Gesetz orientierten Willen *den VA auch ohne die Nebenbestimmung erlassen hätte.*

Im Ergebnis kann man sagen:

> **Die Anfechtungsklage ist begründet, wenn die Nebenbestimmung rechtswidrig ist und, entweder die Behörde den begünstigenden VA ohne die fehlende Teilregelung hätte erlassen müssen oder das Gericht zu dem Ergebnis kommt, dass die Begünstigung uneingeschränkt hätte gewährt werden dürfen und die Verwaltung sie bei objektiver Betrachtung auch in Kenntnis der Fehlerhaftigkeit der Teilregelung gewährt hätte.**

Klausur-hinweis

In der **Klausur** muss nach Feststellung der Rechtswidrigkeit der Nebenbestimmung (weil die Voraussetzungen für den Erlass nicht vorlagen oder die Verwaltung ermessensfehlerhaft gehandelt hat) also noch geprüft werden, ob der Grund-VA ohne Nebenbestimmung rechtmäßig ist und von der Behörde auch so erlassen worden wäre bzw. erlassen hätte werden müssen. Ist dies zu verneinen, fehlt es an der Teilbarkeit von Grund-VA und Nebenbestimmung. Die isolierte Anfechtungsklage ist dann (trotz Rechtswidrigkeit der Nebenbestimmung!) unbegründet. Allerdings muss dann das Gericht die Klage von Amts wegen in eine Verpflichtungsklage umdeuten, vgl. § 88 VwGO, da nicht absehbar war, dass es sich bei der Anfechtungsklage um das falsche Rechtsmittel handelte und das nicht zu Lasten des Klägers gehen darf.
Das Gericht verpflichtet die Behörde gegebenenfalls, erneut, unter Berücksichtigung der Rechtsauffassung des Gerichts, über den Antrag des Klägers zu entscheiden, vgl. hierzu VerwR 2, 1. Kapitel.

2) Die Rücknahme und der Widerruf von VA

Die Verwaltung hat die Möglichkeit, einen erlassenen VA auch wieder aufzuheben.

Klausur-hinweis

In der **Klausur** geht es dabei regelmäßig darum, dass sich der Kläger gegen die Aufhebung eines ihn begünstigenden VA wehren will.

Bei der Aufhebung eines VA handelt es sich nach der **actus-contrarius-Theorie** (vgl. 3. Kapitel, I 1a) ebenfalls um einen VA. Wird dieser Aufhebungs-VA seinerseits wieder aufgehoben (z.B. durch ein Gerichtsurteil) lebt der ursprüngliche VA wieder auf. Gegen die Aufhebung eines VA durch die Verwaltungsbehörde ist deshalb die Anfechtungsklage statthaft.

Bei der Aufhebung eines begünstigenden VA handelt es sich um einen belastenden VA (da er dem Betroffenen eine Begünstigung entzieht), so dass der Aufhebungs-VA eine Rechtsgrundlage benötigt.

Die Aufhebung von VA wird insbesondere in den **§§ 48 und 49 VwVfG** geregelt. Dabei ist zu beachten, dass das VwVfG grundsätzlich subsidiär ist, so dass die §§ 48, 49 VwVfG nur dann als Ermächtigungsgrundlage in Betracht kommen, wenn **keine Spezialvorschrift** in anderen Gesetzen normiert ist.

Bsp.: § 15 I GastG regelt, wann die Behörde eine gaststättenrechtliche Erlaubnis zwingend zurücknehmen muss. Eine Aufhebung der Erlaubnis aus den in § 15 I GastG genannten Gründen muss dann auch nach § 15 I GastG erfolgen. Es darf nicht auf die §§ 48, 49 VwVfG zurückgegriffen werden. Insbesondere handelt es sich dann um eine gebundene Entscheidung und nicht um eine Ermessensentscheidung.

§ 15 II, III GastG regeln den Widerruf sogar abschließend und verdrängen § 49 VwVfG vollständig.

Auch bei § 21 BImSchG handelt es sich um eine spezielle Ermächtigungsnorm, auf das VwVfG darf nicht zurückgegriffen werden

Findet sich keine Spezialvorschrift, richtet sich die Rechtmäßigkeit der Aufhebung nach den §§ 48, 49 VwVfG.

Hinweis

Geht es um die Aufhebung eines VA nach §§ 48 oder 49 VwVfG, ist der Rechtsweg nach § 40 I VwGO eröffnet, da es sich bei diesen streitentscheidenden Normen um solche des öffentlichen Rechts handelt. Bei § 49 VI S. 3 VwVfG handelt es sich um eine abdrängende Sonderzuweisung zu den ordentlichen Gerichten, die aber nur für die Geltendmachung von Ersatzansprüchen gegen den Staat gilt.

a) Rücknahme oder Widerruf

§ 48 VwVfG regelt die **Rücknahme eines rechtswidrigen VA**, § 49 VwVfG regelt den **Widerruf eines rechtmäßigen VA**.

Es ist deshalb zunächst zu klären, ob es sich bei dem aufgehobenen VA (Grund-VA) um einen rechtmäßigen oder einen rechtswidrigen VA handelt.

Hinweis

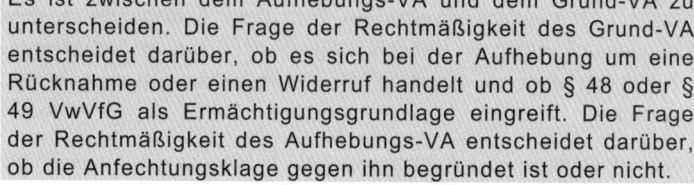

Es ist zwischen dem Aufhebungs-VA und dem Grund-VA zu unterscheiden. Die Frage der Rechtmäßigkeit des Grund-VA entscheidet darüber, ob es sich bei der Aufhebung um eine Rücknahme oder einen Widerruf handelt und ob § 48 oder § 49 VwVfG als Ermächtigungsgrundlage eingreift. Die Frage der Rechtmäßigkeit des Aufhebungs-VA entscheidet darüber, ob die Anfechtungsklage gegen ihn begründet ist oder nicht.

Entscheidender Zeitpunkt für die Frage der Rechtmäßigkeit des Grund-VA ist *immer* der Zeitpunkt seines Erlasses (bzw. des Erlasses des Widerspruchsbescheids).

Dies gilt insbesondere auch für VA mit Dauerwirkung. Aus § 49 II Nr.3 und 4 VwVfG ergibt sich, dass für begünstigende VA, die zum Zeitpunkt des Erlasses rechtmäßig waren, die Widerrufsregeln anwendbar sind. Das gleiche gilt auch für belastende VA.

Hinweis

Im Gegensatz zur Anfechtung eines VA kommt es für die Frage der Rechtmäßigkeit bei der Anfechtung der Aufhebung eines VA also immer auf den Zeitpunkt des Erlasses des Grund-VA an. Die nachträgliche Änderung der Sach- oder Rechtslage (die bei der "normalen" Anfechtungsklage u. U. berücksichtigt werden muss, vgl. 3. Kapitel, II. 3a) ist ja oft auch der Grund, weshalb die Verwaltung den Grund-VA aufheben will.

b) Die Rücknahme eines rechtswidrigen VA

Kommt man zu dem Ergebnis, dass es sich bei dem Grund-VA um einen (ursprünglich) rechtswidrigen VA handelt, ist anhand von § 48 VwVfG zu prüfen, ob seine Rücknahme rechtmäßig ist.

Zunächst ist dabei zu klären, ob es sich *um einen belastenden oder begünstigenden VA* handelt. Dabei versteht man unter einem begünstigenden VA einen VA, der ein Recht oder einen rechtlichen Vorteil begründet oder bestätigt, vgl. § 48 I S. 2 VwVfG.

Hinweis Bei teilbaren VA (vgl. unter 3. Kapitel, III, 1) kann die Behörde auch nur die Nebenbestimmung zurücknehmen. Entscheidend ist dann, ob diese Nebenbestimmung belastend oder begünstigend ist.

Ein rechtswidriger **belastender VA** kann gemäß § 48 I VwVfG *jederzeit frei* zurückgenommen werden. Es handelt sich um eine Ermessensentscheidung der Behörde, so dass diese ermessensfehlerfrei entscheiden muss.

Ein rechtswidriger, **begünstigender VA** darf dagegen *nur unter den Einschränkungen des § 48 II – IV VwVfG zurückgenommen werden.*

Dabei ist zu klären, ob es sich um einen begünstigenden VA handelt, *der eine einmalige oder laufende Geldleistung oder teilbare Sachleistung gewährt* (oder hierfür Voraussetzung ist) oder um einen sonstigen begünstigenden VA.

Handelt es sich um einen solchen **Leistungsbescheid**, regelt § 48 II VwVfG die Voraussetzungen der Rücknahme, handelt es sich um einen sonstigen begünstigenden VA, ist § 48 III VwVfG einschlägig.

aa) Rücknahme eines begünstigenden Leistungsbescheides

§ 48 II VwVfG kommt bei Grund-VA zur Anwendung, die **eine Geldleistung oder teilbare Sachleistung** gewähren. Die Geldleistung muss dabei der wesentliche Inhalt der Regelung sein, es reicht nicht aus, wenn der VA lediglich einen Vermögensvorteil bringt.

Bsp.: Gewährung einer Subvention, beamtenrechtliche Besoldung oder Versorgung, Zuteilung von Lebensmitteln.

§ 48 II VwVfG gilt auch für VA, die Voraussetzung für eine Geld- oder Sachleistung darstellen.

Bsp.: Festsetzung des Besoldungsdienstalters, Zubilligung einer Leistung, für die noch ein privatrechtlicher Vertrag erforderlich ist (Zweistufentheorie).

Die Rücknahme eines (rechtswidrigen) begünstigenden **Leistungsbescheids** ist rechtswidrig, wenn die Voraussetzungen des § 48 II VwVfG, die eine Rücknahme verbieten, vorliegen.

Nach § 48 II S.1 VwVfG darf ein (rechtswidriger) begünstigender Leistungsbescheid nicht zurückgenommen werden, *soweit der Begünstigte auf den Bestand des VA vertraut hat und sein Vertrauen unter Abwägung mit dem öffentlichen Interesse an einer Rücknahme schutzwürdig ist.*

Es ist folglich zu klären,

- ob der Betroffene *auf den Bestand des VA vertraut hat* und
- ob dieses *Vertrauen* gegenüber dem öffentlichen Interesse an einer Rücknahme *schutzwürdig* ist.

Erste Voraussetzung ist das tatsächliche **Vertrauen auf den Bestand** des VA. Sie ist in der Regel erfüllt, denn der durch den VA Begünstigte geht regelmäßig davon aus, dass der erlassene VA Bestand haben wird. Am Vertrauen auf den Bestand fehlt es nur dann, wenn der Betroffene *tatsächlich mit einer Rücknahme rechnete* und nicht, wenn er damit hätte rechnen müssen.

Nach der Feststellung, dass der Betroffene auf den Bestand des VA vertraut hat, ist zu prüfen, ob dieses **Vertrauen schutzwürdig** ist.

Dabei regelt § 48 II S. 2 VwVfG, wann das Vertrauen in der Regel schutzwürdig ist und § 48 II S. 3 VwVfG regelt, wann das Vertrauen auf keinen Fall schutzwürdig ist.

Zunächst ist also zu prüfen, ob die **Schutzwürdigkeit** des Vertrauens nach *§ 48 II S. 3 Nr. 1-3 VwVfG ausgeschlossen* ist.

Bei Nr. 1 und 2 ist zu beachten, dass das fehlerhafte Verhalten des Begünstigten allein nicht genügt, sondern es ist erforderlich, dass *gerade dieses Verhalten zur Rechtswidrigkeit des VA geführt hat* (= Kausalität).

Bei Nr. 2 ist zu beachten, dass es bei der Unrichtigkeit nicht auf ein Verschulden des Betroffenen ankommt, es genügt, wenn sie dem Betroffenen objektiv zurechenbar ist. An einer objektiven Zurechenbarkeit fehlt es aber dann, wenn die Verantwortung für den Fehler ganz oder im Wesentlichen bei der Behörde liegt, z. B. wegen irreführenden Formularen (= Mitverschulden der Behörde).

Wurde festgestellt, dass die Schutzwürdigkeit nicht nach § 48 II S. 3 VwVfG ausgeschlossen ist, muss gemäß § 48 II S.1 VwVfG im Rahmen einer *Abwägung zwischen dem öffentlichen Interesse an der Wiederherstellung des gesetzmäßigen Zustandes und dem Vertrauensinteresse des Begünstigten* festgestellt werden, welches Interesse überwiegt.

Hierfür ist zunächst zu klären, ob ein *Regelfall des § 48 II S. 2 VwVfG vorliegt.*

Fehlt es an einer Vermögensdisposition nach § 48 II S. 2 VwVfG und damit an einer faktischen Bestätigung des Vertrauens, sprich hat der Betroffene keinen Vertrauensschaden erlitten, ist sein Vertrauen *in der Regel* auch nicht schutzwürdig, d. h. fehlt es am Vertrauensschaden, überwiegt regelmäßig das öffentliche Interesse an einer Rücknahme.

Hat der Betroffene eine solche Vermögensdisposition getroffen, ist sein Vertrauen dagegen "in der Regel" schutzwürdig.

Zu beachten ist, dass § 48 II S. 2 VwVfG nur den Regelfall festlegt. Aus dem Vorliegen einer Vermögensdisposition i.S.v. § 48 II S.2 VwVfG ergibt sich also noch nicht automatisch, dass damit das Vertrauensinteresse gegenüber dem öffentlichen Interesse an der Rücknahme überwiegt. *§ 48 II S.2 VwVfG entbindet also nicht von der nach § 48 II S.1 VwVfG erforderlichen Abwägung!*

> *Bsp.: War der Leistungsbescheid mit einem Widerrufsvorbehalt versehen, ist das Vertrauen auf den Bestand trotz Vermögensdisposition nicht schutzwürdig, d. h. das öffentliche Interesse überwiegt.*

Klausur-hinweis	In der **Klausur** ist an dieser Stelle erforderlich und wichtig, gut zu begründen, warum das öffentliche, bzw. das Vertrauensinteresse überwiegt.

Kommt man zu dem Ergebnis, dass das Vertrauensinteresse des Betroffenen überwiegt, ist die Rücknahme rechtswidrig.

Steht § 48 II VwVfG der Rücknahme nicht entgegen, muss weiter noch geprüft werden, ob **Ermessensfehler** vorliegen, da es sich bei der Rücknahme um eine Ermessens-entscheidung handelt, vgl. § 48 I S.1 VwVfG. Hier reicht es aber in der Regel aus, festzustellen, dass keine Gründe für ein Absehen von der Rücknahme ersichtlich sind. Ein Ermessensfehler kommt allerdings in Bezug auf einen Ermessensnichtgebrauch in Betracht, wenn die Behörde irrtümlich angenommen hat, mangels schutzwürdigen Vertrauens den VA zurücknehmen zu müssen.

bb) Rücknahme eines sonstigen begünstigenden VA

Für die Rücknahme sonstiger (rechtswidriger) begünstigender VA gilt § 48 I, III VwVfG. § 48 III VwVfG gilt für alle begünstigenden VA, die nicht unter § 48 II VwVfG fallen.

> *Bsp.: Baurechtliche und gewerberechtliche Erlaubnisse, Aufenthaltsgenehmigung, Prüfungsentscheidungen, Gewährung einer unteilbaren Sachleistung.*

§ 48 III VwVfG trägt dem Vertrauensschutz lediglich dadurch Rechnung, dass dem Betroffenen gegebenenfalls ein **Ersatzanspruch** eingeräumt wird. Das Gesetz enthält für die sonstigen begünstigenden VA keine über § 48 I VwVfG hinausgehenden Voraussetzungen oder Einschränkungen für die Rücknahme (Entschädigungsgebot statt Rücknahmeverbot).

Deshalb muss hier *im Rahmen der Prüfung des Ermessens* das **Bestandsinteresse** und das **Vertrauensinteresse** des Begünstigten berücksichtigt werden.

cc) Anwendung des § 49 II VwVfG auf § 48 II, III VwVfG

§ 49 II VwVfG regelt zwar ausdrücklich nur die Voraussetzungen für den Widerruf eines *rechtmäßigen* begünstigenden VA. Ist der Widerruf eines rechtmäßigen begünstigenden VA aber zulässig, so muss ein unter gleichen Vorzeichen erlassener *rechtswidriger* VA *erst recht* aufgehoben werden können. Der durch einen rechtswidrigen VA Begünstigte darf nicht besser stehen als der durch einen rechtmäßigen VA Begünstigte. Folglich kann ein rechtswidriger begünstigender VA auch immer dann zurückgenommen werden, wenn die Voraussetzungen des § 49 II VwVfG vorliegen.

> **Bsp.:** *Hat der Unternehmer U trotz Widerrufsvorbehalt auf den Bestand einer Sub-ventionsbewilligung vertraut und eine Vermögensdisposition i.S.v. § 48 II S.2 VwVfG getätigt, kann der VA im Falle seiner Rechtmäßigkeit nach § 49 II Nr.1 widerrufen werden. War der VA rechtswidrig, muss er erst recht zurückgenommen werden können.*

dd) Die Jahresfrist des § 48 IV VwVfG

Die Rücknahme eines rechtswidrigen **begünstigenden VA** ist auch dann rechtswidrig, wenn ein Verstoß gegen § 48 IV VwVfG vorliegt.

Danach ist die Rücknahme nur *innerhalb eines Jahres* zulässig, nachdem die Behörde von den *Tatsachen, die die Rücknahme rechtfertigen, Kenntnis erlangt hat.*

Tatsachen i.S.v. § 48 IV VwVfG sind jedenfalls Fakten, deren Kenntnis für den Erlass des VA erforderlich waren, die Behörde aber nicht gekannt hat und von denen sie später erfahren hat. Unstreitig begrenzt deshalb § 48 IV VwVfG die Rücknehmbarkeit von VA, die aufgrund **unzulänglicher Ermittlung** der entscheidungserheblichen Tatsachen erlassen wurden.

Umstritten ist jedoch, ob die Frist des § 48 IV VwVfG auch für VA gilt, dessen Rechtswidrigkeit auf einem **Rechtsanwendungsfehler** beruht (falsche Bewertung der entscheidungserheblichen Tatsachen oder falsche Auslegung oder Anwendung der maßgeblichen Rechtsnormen).

Nach einer Auffassung greift § 48 IV VwVfG gemäß seinem Wortlaut nur bei Kennt-niserlangung von neuen Tatsachen, nicht bei Kenntnis über Rechtsanwendungsfehler. Bei Rücknahmefällen, bei denen sich die Rechtswidrigkeit des VA aus einem Rechtsanwendungsfehler ergibt, ist § 48 IV VwVfG nicht anwendbar.

Nach überwiegender Auffassung erfasst § 48 IV VwVfG auch die Fälle, in denen das Recht fehlerhaft angewendet wurde, da ansonsten bei Rücknahmefällen, bei denen sich die Rechtswidrigkeit des VA aus einem Rechtsanwendungsfehler ergibt, überhaupt keine Frist zu laufen beginnen würde.

Zu den Tatsachen gehört somit auch die "Tatsache fehlerhafter Rechtsanwendung". *Die Tatsachen umfassen also alle für den Erlass eines rechtmäßigen VA erforderlichen Umstände.*

Zu den Tatsachen, welche "die Rücknahme ... rechtfertigen" gehören die Rechtswidrigkeit des VA, das Fehlen eines Rücknahmeverbotes nach § 48 II VwVfG und die für die Ermessensentscheidung notwendigen Tatsachen und Überlegungen. Dabei muss sich die Kenntnis auf sämtliche Umstände beziehen.

Die Frist beginnt deshalb erst zu laufen, wenn die Behörde nicht nur die Rechtswidrigkeit des VA erkannt hat, sondern ihr auch "die für die Rücknahmeentscheidung außerdem maßgeblichen Tatsachen vollständig bekannt sind", so dass sie ohne weitere Sachaufklärung entscheiden kann (Die Behörde soll nicht durch einen drohenden Fristablauf gezwungen werden, aufgrund unvollständiger Ermittlungen entscheiden zu müssen.).

Es handelt sich bei § 48 IV VwVfG damit nicht um eine Bearbeitungsfrist, sondern um eine Entscheidungsfrist.

> **Bsp.:** *Erlangt die Behörde Kenntnis darüber, dass ihr bei der ursprünglichen Entscheidung ein Ermessensfehler unterlaufen ist (z. B. weil sie eine für die Entscheidung erhebliche Tatsache nicht ausreichend berücksichtigt hat) beginnt damit die Frist noch nicht zu laufen. Die Frist beginnt vielmehr erst dann, wenn Sie geprüft hat, ob eine Rücknahme nach § 48 VwVfG zulässig ist und sie die für die Ermessensausübung notwendigen Tatsachen und Überlegungen ermittelt hat.*

c) Der Widerruf eines rechtmäßigen VA

Kommt man zu dem Ergebnis, dass es sich bei dem Grund-VA um einen (ursprünglich) **rechtmäßigen VA** handelt, ist anhand von **§ 49 VwVfG** zu prüfen, ob sein Widerruf rechtmäßig ist.

Hinweis

Bei der Rücknahme geht es der Behörde regelmäßig um die Wiederherstellung eines gesetzmäßigen Zustandes. Grund für die Rücknahme ist die Rechtswidrigkeit des Grund-VA. Beim Widerruf dagegen geht es um die Aufhebung eines rechtmäßigen Grund-VA. Hier geht es regelmäßig darum, dass der VA aufgrund einer Änderung der Sach- oder Rechtslage nicht mehr erlassen werden dürfte oder werden würde.

Wie die Rücknahme steht auch der Widerruf eines VA im Ermessen der Behörde (mit der Ausnahme des § 49 I 2. HS VwVfG).

Zunächst ist zu klären, ob es sich um einen *belastenden oder einen begünstigenden VA* handelt. § 49 I VwVfG regelt den Widerruf eines (rechtmäßigen) belastenden VA, § 49 II, III VwVfG regelt den Widerruf eines (rechtmäßigen) begünstigenden VA.

aa) Widerruf eines belastenden VA

Ein (rechtmäßiger) **belastender VA** kann (auch nach seiner Unanfechtbarkeit) gemäß **§ 49 I VwVfG** mit Wirkung *für die Zukunft* widerrufen werden, außer wenn ein VA gleichen Inhalts erneut erlassen werden müsste oder ein Widerruf aus anderen Gründen unzulässig ist. Die Behörde darf also einen VA, zu dessen Erlass sie verpflichtet ist, nicht widerrufen.

Exkurs	**Ermessensreduzierung bei belastenden VA mit Dauerwirkung**

Zu beachten ist, dass wenn bei einem belastenden VA mit Dauerwirkung infolge einer Änderung der Sach- oder Rechtslage eine für den rechtmäßigen Erlass erforderliche Voraussetzung wegfällt, eine Ermessensreduzierung vorliegt, die die Behörde zum Widerruf des belastenden VA *verpflichtet*.

bb) Widerruf eines begünstigenden VA

Ein (rechtmäßiger) **begünstigender** VA darf dagegen nur unter den Voraussetzungen von § 49 II, III VwVfG widerrufen werden. Auch hier gilt gemäß § 49 II S. 2, III S.2 VwVfG die Jahresfrist des § 48 IV VwVfG.

Nach **§ 49 II S. 1 Nr. 1 VwVfG** darf ein rechtmäßiger begünstigender VA widerrufen werden, wenn der Widerruf durch Rechtsvorschrift zugelassen oder im VA vorbehalten ist.

Hier stellt sich die Frage, ob ein rechtswidriger Widerrufsvorbehalt (vgl. 3. Kapitel, III. 1) Grundlage eines Widerrufs sein kann. Grundsätzlich gilt, dass auch ein rechtswidriger Widerrufsvorbehalt wirksam ist, wenn der Grund-VA bestandskräftig ist (der Begünstigte hatte ja die Möglichkeit, gegen den Widerrufsvorbehalt vorzugehen). Allerdings handelt es sich beim Widerruf eines VA um eine Ermessensentscheidung, die durch sachliche Gründe gerechtfertigt sein muss. Die Rechtswidrigkeit des Widerrufsvorbehalts muss deshalb bei den Ermessenserwägungen der Behörde berücksichtigt werden. Hatte der Widerrufsvorbehalt keine rechtliche Grundlage, wird ein auf ihn gestützter Widerruf deshalb in der Regel ermessensfehlerhaft sein.

Nach **§ 49 II S. 1 Nr. 2 VwVfG** darf der begünstigende VA widerrufen werden, wenn der VA mit einer Auflage verbunden ist und der Begünstigte diese nicht oder nicht rechtzeitig erfüllt hat.

Wegen dem Grundsatz der Verhältnismäßigkeit muss die Behörde hier regelmäßig erst versuchen, die Erfüllung der Auflage durchzusetzen.

Nach **§ 49 II S. 1 Nr. 3, Nr. 4 VwVfG** darf der begünstigende VA widerrufen werden, wenn die Behörde auf Grund nachträglich eingetretener Tatsachen, bzw. einer geänderten Rechtslage berechtigt wäre, den VA nicht zu erlassen **und** wenn ohne den Widerruf das öffentliche Interesse gefährdet würde.

Die Widerrufsmöglichkeit nach **§ 49 II S.1 Nr.5 VwVfG** greift nur bei Extremfällen.

§ 49 III S.1 VwVfG ermöglicht einen Widerruf mit Wirkung für die Vergangenheit. Ein Widerruf **ex tunc** ist damit nur zulässig, wenn der VA eine *einmalige oder laufende Geldzahlung oder eine teilbare Sachleistung zur Erfüllung eines bestimmten Zwecks gewährt* (oder hierfür Voraussetzung ist) und wenn die in § 49 III S.1 VwVfG genannten Voraussetzungen vorliegen.

Liegen die Voraussetzungen für den Widerruf eines begünstigenden VA vor, darf nicht vergessen werden, dass es sich um eine Ermessensentscheidung handelt. Es ist deshalb *nach der Feststellung des Vorliegens der Voraussetzungen für einen Widerruf noch zu prüfen, ob die Behörde ermessensfehlerfrei gehandelt hat.*

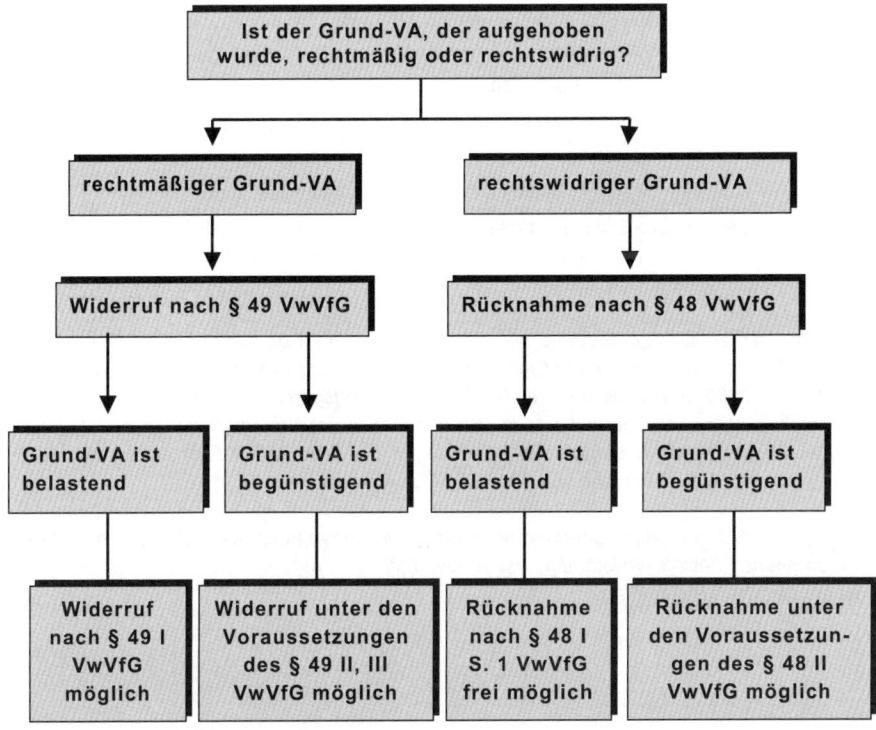

d) Sonstiges

§ 49a VwVfG regelt den Erstattungsanspruch der Behörde. Danach sind im Falle des Widerrufs die erbrachten Leistungen zu erstatten und zu verzinsen.

§ 50 VwVfG regelt, dass bei der Aufhebung eines begünstigenden VA im Rahmen eines **Rechtsbehelfsverfahrens** oder eines **verwaltungsgerichtlichen Verfahrens** die Einschränkungen der §§ 48 II-IV, 49 II, III, VI VwVfG nicht gelten, soweit dadurch dem Widerspruch oder der Klage eines Dritten abgeholfen wird.

Der in § 48 VwVfG zum Ausdruck kommende Vertrauensschutz kann ja erst eingreifen, wenn der VA bestandskräftig wird. Solange der Begünstigte mit der Anfechtung durch einen Dritten rechnen muss, darf er nicht auf den Bestand vertrauen.

> *Bsp.: Wenn der Nachbar N gegen den Erlass einer Baugenehmigung innerhalb der Fristen vorgeht, muss die Behörde die Genehmigung aufheben, wenn sie deren Rechtswidrigkeit feststellt und N dadurch in einem subjektiven Recht verletzt wird. Es kommt nicht auf das Vorliegen der Voraussetzungen des § 48 II VwVfG an. Der Begünstigte weiß aber, dass seine Baugenehmigung innerhalb der Rechtsmittelfristen noch angegriffen werden kann. Ein Vertrauensschutz ist hier nicht erforderlich.*

Die §§ 48 V, 49 V VwVfG regeln, welche Behörde für die Rücknahme, bzw. den Widerruf des Grund-VA zuständig ist und sind deshalb im Rahmen der Prüfung der formellen Rechtmäßigkeit zu beachten.

Fall 9:

Bei der Festsetzung des Besoldungsdienstalters (BDA) des Beamten B ist der zuständigen Stelle ein Fehler bei der Anrechnung von Ausbildungszeiten unterlaufen. Deshalb erhält B zwei Jahre zu früh eine Dienstalterszulage.

Nachdem die zuständige Behörde den Fehler im Juni 2005 bemerkt, teilt die Behörde im Juli 2005 dem B den Sachverhalt mit und gibt ihm die Möglichkeit zur Stellungnahme. Im September 2005 erlässt sie dann einen formell ordnungsgemäßen Bescheid, wonach das Dienstalter rückwirkend berichtigt wird und das Gehalt entsprechend niedriger festgesetzt wurde. Zudem wurde B aufgefordert, das wegen der fehlerhaften Festsetzung des BDA zuviel gezahlte Gehalt in Höhe von 3000,- EUR zurückzuzahlen.

B, der regelmäßig größere Spenden an Hilfsorganisationen tätigt, weist darauf hin, dass er die erhaltenen Beträge vollständig ausgegeben hat.
Ist der Bescheid rechtmäßig?

Lösungsvorschlag

Der Bescheid hat mehrere Bestandteile, nämlich die rückwirkende Neufestsetzung des BDA, die Neufestsetzung des Gehalts und die Aufforderung zur Erstattung von 3000,- EUR. Bei der Neufestsetzung des BDA und der Neufestsetzung des Gehalts handelt es sich um eine einheitliche Regelung, da sich die Neufestsetzung des Gehalts hier direkt aus der Neufestsetzung des BDA ergibt.

Zwar ist die rückwirkende Neufestsetzung des BDA auch der Grund für die Erstattungsforderung, trotzdem handelt es sich bei der Rückforderung aber um eine selbständige Regelung, deren Rechtmäßigkeit deshalb auch selbständig geprüft werden muss.

I. Rechtmäßigkeit der rückwirkenden Neufestsetzung des Besoldungsdienstalters

1.Auffinden der einschlägigen Ermächtigungsgrundlage
Eine spezielle Ermächtigungsgrundlage für die Änderung eines festgesetzten Besoldungsdienstalters gibt es weder im BBesG noch in den Beamtengesetzen.

Bei der Neufestsetzung handelt es sich gleichzeitig um die Aufhebung der ursprünglichen Festsetzung des BDA, so dass hier die §§ 48, 49 VwVfG als Ermächtigungsgrundlage in Betracht kommen.

2. Formelle Rechtmäßigkeit
Der Bescheid wurde formell ordnungsgemäß erlassen.

3. Materielle Rechtmäßigkeit
a) Vorliegen der Tatbestandsvoraussetzungen
Sowohl § 48 VwVfG als auch § 49 VwVfG setzen voraus, dass es sich bei der zurückgenommen Maßnahme um einen VA handelt. Bei der Festsetzung des BDA muss es sich folglich um einen VA handeln.

Die Festsetzung des Besoldungsdienstalters ist die Maßnahme einer Behörde auf dem Gebiet des öffentlichen Besoldungsrechts. Es handelt sich um eine Regelung, da die Höhe des Gehalts u. a. vom Besoldungsdienstalter abhängt, vgl. § 27 I 2 BBesG. Die Festsetzung betrifft die persönliche Rechtsstellung des Beamten und hat somit Außenwirkung, es handelt sich um einen VA.

§ 49 VwVfG setzt voraus, dass es sich um den Widerruf eines rechtmäßigen VA handelt. Im vorliegenden Fall wurde das BDA durch einen Anrechnungsfehler falsch festgelegt, die Voraussetzungen für das festgesetzte BDA (und damit auch für die Gewährung der Dienstalterszulage) lagen also in Wirklichkeit nicht vor, so dass die ursprüngliche Festsetzung des BDA rechtswidrig war.

Es handelt sich folglich um die *Rücknahme eines rechtswidrigen VA*, als Ermächtigungsgrundlage kommt nur § 48 VwVfG und nicht § 49 VwVfG in Betracht. Die Voraussetzungen nach § 48 I S. 1 VwVfG liegen vor.

Allerdings handelt es sich bei der Festsetzung des BDA um einen *begünstigenden VA*, da sich das BDA direkt auf die Höhe des Gehalts auswirkt und damit *Voraussetzung für die Gewährung einer laufenden Geldleistung* (hier der Dienstalterszulage) darstellt. Gemäß § 48 I S. 2 VwVfG ist deshalb eine Rücknahme nur unter den Einschränkungen von Abs. II zulässig.

Vorsicht: Stellt die Behörde fest, dass das BDA irrtümlich zu nieder festgesetzt wurde und wird das BDA deshalb neu festgesetzt, liegt darin natürlich die Aufhebung eines belastenden VA, da B dann durch die Neufestsetzung besser gestellt wird.

Nach § 48 II VwVfG darf ein rechtswidriger begünstigender VA nicht zurückgenommen werden, soweit der Begünstigte auf den Bestand des VA vertraut hat und sein Vertrauen unter Abwägung mit dem öffentlichen Interesse an einer Rücknahme schutzwürdig ist.

Mangels anderer Anhaltspunkte ist davon auszugehen, dass B auf den Bestand des VA *vertraut hat.*

Weiter ist zu prüfen, ob dieses Vertrauen *schutzwürdig* ist. Dabei ist zu beachten, dass es sich bei der Festsetzung des BDA um einen VA mit Dauerwirkung handelt, der damit auch zeitabschnittsweise beurteilt werden kann und muss, soweit sich die Verhältnisse geändert haben.

Bis zu der erfolgten Anhörung im Juli 2005 ist ein Ausschluss der Schutzwürdigkeit gemäß § 48 II S.3 VwVfG nicht ersichtlich, insbesondere hatte B von dem Behördenfehler bis Juli 2005 keine Kenntnis. Auch für das Vorliegen von grober Fahrlässigkeit bzgl. der Unkenntnis über den Anrechnungsfehler der Behörde ist nichts ersichtlich.

Nach § 48 II S.2 VwVfG ist das Vertauen in der Regel schutzwürdig, wenn der Begünstigte gewährte Leistungen verbraucht hat. B hat hier die erhaltenen Beträge vollständig verbraucht. Für eine Ausnahme von der Regel liegen keine Anhaltspunkte vor, so dass hier für die Zeit bis Juli 2005 das Vertrauensinteresse des B gegenüber dem öffentlichen Interesse an der Wiederherstellung des rechtmäßigen Zustandes überwiegt.

Die rückwirkende Neufestsetzung des BDA für die Zeit bis zum Juli 2005 verstößt damit gegen § 48 II VwVfG. und ist damit jedenfalls insoweit rechtswidrig.

Seit dem Schreiben vom Juli 2005 könnte es dagegen an der Schutzwürdigkeit des B gemäß § 48 II S. 3 Nr.3 VwVfG gefehlt haben. Denn in dem Schreiben wurde dem B mitgeteilt, dass ein Anrechnungsfehler unterlaufen war und B deshalb zwei Jahre zu früh Dienstalterszulage erhalten hat. B hatte somit Kenntnis von der Rechtswidrigkeit des VA (zumindest wäre eine Nichtkenntnis grob fahrlässig). Damit schließt § 48 II 3 Nr. 3 VwVfG ein Vertrauensinteresse ab August 2005 aus.

b) Kein Vorliegen von Ermessensfehlern
Die rückwirkende Neufestsetzung bzw. Aufhebung des BDA bis Juli 2005 verstößt gegen § 48 II VwVfG und ist deshalb rechtswidrig.

Ein Ermessensfehler hinsichtlich der rückwirkenden Festsetzung ab August 2005 ist nicht ersichtlich.

Auch die Jahresfrist nach § 48 IV VwVfG wurde eingehalten.

Damit ist die rückwirkende Neufestsetzung des BDA rechtswidrig, soweit sie den Zeitraum bis Juli 2005 erfasst, ab August 2005 ist sie rechtmäßig.

II. Rechtmäßigkeit der Rückforderung der 3000,- EUR

1. Auffinden der einschlägigen Ermächtigungsgrundlage
Als Ermächtigungsgrundlage für die Rückforderung kommt zunächst § 49a VwVfG in Betracht. Dieser wird aber durch die speziellere Sonderregelung des § 12 II BBesG verdrängt.

2. Formelle Rechtmäßigkeit
Der Bescheid wurde laut Sachverhalt formell ordnungsgemäß erlassen.

3. Materielle Rechtmäßigkeit
Tatbestandsvoraussetzung ist, dass Bezüge zuviel gezahlt wurden. Dies ist nur für die Monate August und September der Fall, da die Dienstalterszulage dem B für die Monate August und September aufgrund der rechtmäßigen rückwirkenden Herabsetzung des BDA nicht zustanden und damit ohne Rechtsgrund geleistet wurden. Diese können somit gemäß § 12 II BBesG nach den Vorschriften des Bereicherungsrechts zurückgefordert werden.

Die Bezüge bis einschließlich Juli dagegen beruhten auf der Festlegung des erhöhten BDA, dessen Rücknahme aufgehoben wurde und das deshalb bis Juli weiterhin bestanden hat.

Fall 10:
Zum Schutz des Grundwassers werden gemäß Verwaltungsrichtlinie auf Grundlage des Haushaltsplanes Landwirte für landwirtschaftliche Flächen, die sie ökologisch bewirtschaften, durch verlorene Zuschüsse subventioniert, indem sie pro Hektar einen bestimmten Betrag zum Kauf von ökologischem Dünger erhalten.

Im Januar 2005 wird dem Ökobauern Ö auf seinen Antrag hin eine Subvention in Höhe von 6.000,- EUR zum Kauf von ökologischem Dünger gewährt. Nachdem die zuständige Behörde erfährt, dass Ö das Geld nicht für ökologischen Dünger, sondern für eine unerwartet notwendig gewordene Reparatur an seinem Traktor verwendet hat, erlässt sie einen Bescheid, in dem sie den Zuschuss unter gleichzeitiger Aufhebung des Bewilligungsbescheides zurückfordert. Den am 2.7.2005 aufgegebenen formell rechtmäßigen Bescheid erhält Ö durch die Post am 6.7.2005.

Ö legt daraufhin am 9.8.2005 zur Niederschrift bei der zuständigen Behörde Widerspruch ein und macht geltend, dass er den Traktor reparieren musste um überhaupt weiterarbeiten zu können und dass ihm zu dem Zeitpunkt keine anderen finanziellen Mittel zu Verfügung standen. Außerdem habe er inzwischen auch für 6000,-EUR ökologischen Dünger gekauft.

Der Widerspruch wird mit der Begründung abgelehnt, die Einwendungen des Ö wären für die Entscheidung unerheblich. Ö legt daraufhin beim zuständigen Gericht fristgerecht und ordnungsgemäß Klage gegen den richtigen Klagegegner ein. Hat die Klage Aussicht auf Erfolg?

Lösungsvorschlag

Eine Klage hat Aussicht auf Erfolg, wenn sich zulässig und begründet ist.

Der Bescheid enthält zwei Maßnahmen, nämlich die Aufhebung des Bewilligungs-bescheides und die Rückforderung des gezahlten Zuschusses. Es handelt sich jeweils um eigenständige Regelungen, die insbesondere bei der Rechtmäßigkeitsprüfung streng zu trennen sind, da ihre jeweilige Rechtmäßigkeit von unterschiedlichen Voraussetzungen abhängt.

I. Zulässigkeitsprüfung

1. Rechtswegeröffnung

Gemäß § 40 I VwGO ist der Verwaltungsrechtsweg für alle öffentlich-rechtlichen Streitigkeiten nichtverfassungsrechtlicher Art eröffnet. Ö möchte sich hier gegen die Aufhebung des Bewilligungsbescheides und gegen die Rückforderung des ausbezahlten Betrages wehren. Streitentscheidende Normen sind hier die §§ 48 ff VwVfG, die dem öffentlichen Recht zuzuordnen sind. Es handelt sich folglich um eine öffentlich-rechtliche Streitigkeit, der Verwaltungsrechtsweg ist gemäß § 40 I VwGO eröffnet.

2. Klageart

Ö begehrt hier die Aufhebung des Bescheids vom Juli 2005. Die Anfechtungsklage wäre dann gemäß § 42 I VwGO statthafte Klageart, wenn es sich bei der Aufhebung des Bewilligungsbescheides und bei der Rückforderung jeweils um VA handelt.

Nach der actus-contrarius-Theorie teilt die Aufhebungsmaßnahme die Rechtsnatur des Bewilligungsbescheides. Gemäß der Zwei-Stufen-Theorie handelt es sich bei der Entscheidung, ob der einzelne eine Subvention erhält, immer um eine öffentlich-rechtliche Maßnahme, unabhängig von der Art und Weise der Gewährung. Damit handelt es sich bei dem Bewilligungsbescheid, der verbindlich regelt, dass dem Ö eine Subvention gewährt wird, um die hoheitliche Maßnahme einer Behörde auf dem Gebiet des öffentlichen Rechts. Es handelt sich um die konkrete Gewährung einer Subvention für den Ökobauer Ö und damit um die Regelung eines Einzelfalles mit Außenwirkung. Bei dem Bewilligungsbescheid handelt es sich somit um einen VA und damit handelt es sich gemäß der actus-contrarius-Theorie auch bei der Aufhebung des Bewilligungsbescheides um einen VA.

Bei der Rückforderung des Zuschusses handelt es sich um einen Zahlungsbescheid, durch den Ö zur Rückzahlung des Subventionsbetrages verpflichtet wird und damit ebenfalls um die rechtsfolgenbegründende Regelung eines Einzelfalles mit Außenwirkung und somit um einen VA.

Damit ist sowohl gegen die Aufhebungsmaßnahme als auch gegen die Zahlungs-aufforderung die Anfechtungsklage statthafte Klageart.

3. Klagebefugnis

Ö ist hier als Adressat der belastenden VAe klagebefugt, da zumindest eine Verletzung seines subjektiven Rechtes aus Art. 2 I GG in Betracht kommt.

4. Widerspruchsverfahren

Gemäß § 68 I S.1 VwGO ist die Durchführung eines ordnungsgemäßen Vorverfahrens Voraussetzung für die Zulässigkeit der Anfechtungsklage. Ö hat den Widerspruch bei der zuständigen Behörde zur Niederschrift und somit ordnungsgemäß eingereicht.

Fraglich ist aber, ob der Widerspruch auch fristgerecht eingereicht wurde. Gemäß § 70 I VwGO muss der Widerspruch innerhalb eines Monats nachdem der VA dem Beschwerten ordnungsgemäß bekannt gegeben wurde, erhoben werden.

Nach § 41 II VwVfG gilt ein VA, der wie hier durch einfachen Brief zugestellt wurde, grundsätzlich mit dem dritten Tage nach der Aufgabe zur Post als bekannt gegeben, außer wenn er nicht oder zu einem späteren Zeitpunkt zugegangen ist. Gemäß dieser Drei-Tages-Frist würde der VA im vorliegenden Fall folglich als am 5.7.2005 bekannt gegeben gelten. Der Bescheid ging dem Ö allerdings erst am 6.7.2005 und damit zu einem späteren Zeitpunkt zu, so dass hier die Drei-Tages-Frist nicht zur Anwendung kommt. Der VA ist dem Ö vielmehr erst am 6.7.2005 ordnungsgemäß bekannt gegeben worden.

Gemäß § 57 II VwGO i.V.m. § 222 I ZPO berechnet sich das Fristende nach den §§ 187 ff BGB. Nach § 188 II BGB würde die Monatsfrist somit am 6.8.2005 enden. Allerdings fällt damit das Ende der Widerspruchsfrist auf einen Samstag, so dass § 31 III VwVfG zur Anwendung kommt und die Frist folglich erst am folgenden Werktag, also am Montag, den 8.8.2005 um 24.00 Uhr endet.

Ö legt seinen Widerspruch aber sogar erst am 9.8.2005 ein und damit zu einem Zeitpunkt, an dem die Widerspruchsfrist schon abgelaufen war. Damit wäre die Klage mangels fristgerechter Einreichung eines Widerspruches grundsätzlich als unzulässig abzuweisen. Etwas anderes könnte sich hier aber ausnahmsweise deshalb ergeben, weil die Widerspruchsbehörde über den Widerspruch des Ö trotz Verfristung entschieden hat. Die Widerspruchsfrist dient nämlich dem Schutz des Rechtsträgers der Widerspruchsbehörde, der auf diesen Schutz auch verzichten kann. Es liegt deshalb im Ermessen der Verwaltungsbehörde als "Herrin des Vorverfahrens", ob sie einem Beteiligten die Klagemöglichkeit trotz verfristetem Widerspruch dennoch eröffnen will. Im vorliegenden Fall hat die Widerspruchsbehörde über den Widerspruch entschieden, so dass hier die verfristete Einreichung des Widerspruches ausnahmsweise nicht zur Unzulässigkeit der Klage führt.

5. Sonstige Zulässigkeitsvoraussetzungen

Die sonstigen Zulässigkeitsvoraussetzungen liegen laut Sachverhalt vor.

II. Begründetheitsprüfung der Aufhebung des Subventionsbescheides

1. Einschlägige Ermächtigungsgrundlage

Mangels Sondervorschriften kommen hier als Ermächtigungsgrundlagen die §§ 48, 49 VwVfG in Betracht.

2. Formelle Rechtmäßigkeit

Der Bescheid wurde laut Sachverhalt formell ordnungsgemäß erlassen.

3. Materielle Rechtmäßigkeit

a) Vorliegen der Tatbestandsvoraussetzungen

Bei der Aufhebung des Bewilligungsbescheides handelt es sich um einen VA, vgl. oben. § 48 VwVfG regelt die Rücknahme eines **rechtswidrigen** VA, § 49 VwVfG regelt den Widerruf eines **rechtmäßigen** VA. Es ist deshalb zunächst zu klären, ob es sich bei dem aufgehobenen Grund-VA, dem Bewilligungsbescheid, um einen rechtmäßigen oder rechtswidrigen VA handelt.

Rechtmäßigkeit des Grund-VA

Da der Subventionierung keine gesetzliche Vorschrift (sonder lediglich eine Verwaltungsvorschrift) zugrunde lag, wäre die Subventionsbewilligung dann rechtswidrig, wenn der Grundsatz vom Vorbehalt des Gesetzes eingreifen würde. Das Rechtsstaats- und Demokratieprinzip zwingt aber nach hM nicht dazu, jede Tätigkeit der Exekutive durch Gesetz zu regeln. Bei einer nicht grundrechtsrelevanten Subventionierung greift der Gesetzesvorbehalt nicht ein, bzw. nur insoweit, als dass eine gesetzliche Regelung nur bzgl. des "ob" der Gewährung gefordert wird, wobei die haushaltsrechtliche Absicherung im Haushaltsplan oder der Haushaltssatzung als gesetzliche Grundlage ausreicht. Die Abwicklung und die genauen Voraussetzungen für die Gewährung kann dann in verwaltungsinternen Richtlinien geregelt werden.

Im vorliegenden Fall waren die Subventionen im Haushaltsplan ausdrücklich vorgesehen, dem Grundsatz vom Vorbehalt des Gesetzes ist damit genüge getan.

Für die Frage der Rechtmäßigkeit kommt es ausschließlich auf den Zeitpunkt des Erlasses des VA an. Zu diesem Zeitpunkt lagen die Voraussetzungen für die Gewährung vor, Ö bewirtschaftet seine Flächen ökologisch und wollte ursprünglich mit dem Geld auch ökologischen Dünger kaufen. Der VA war ursprünglich rechtmäßig.

> Etwas anderes würde gelten, wenn Ö von Anfang an nicht vorhatte, ökologischen Dünger zu kaufen. Dann würde es am Vorliegen der Subventionsbedingen fehlen und der Bewilligungsbescheid wäre rechtswidrig gewesen.

Als Ermächtigungsgrundlage kommt damit nur § 49 VwVfG in Betracht. § 49 I VwVfG regelt den Widerruf eines belastenden VA. Der Bewilligungsbescheid gewährt dem L aber eine Subvention, so dass es sich hier um einen *begünstigenden* VA handelt. Auch § 49 II VwVfG scheidet aus, da es sich hierbei lediglich um die Ermächtigungsgrundlage für einen Widerruf für die Zukunft handelt. Im vorliegenden Fall hat die Behörde die Subvention rückwirkend aufgehoben, es handelt es sich folglich um einen Widerruf ex tunc, also für die Vergangenheit. Als Ermächtigungsgrundlage kommt nur § 49 III VwVfG in Betracht.

§ 49 III VwVfG setzt voraus, dass es sich um den Widerruf eines VA handelt, der eine *einmalige Geldleistung zur Erfüllung eines bestimmten Zwecks gewährt oder hierfür Voraussetzung ist.* Die Zweckbindung ergibt sich hier unmittelbar aus den Subventionsbedingungen, die Geldleistung war zum Kauf von ökologischem Dünger bestimmt.

Nach § 49 III VwVfG kann ein VA ganz oder teilweise auch mit Wirkung für die Vergangenheit widerrufen werden, wenn die Leistung nicht für den in dem VA bestimmten Zweck verwendet wird. Ö hat das Geld für die Reparatur seines Traktors und nicht für den Kauf von ökologischem Dünger verwendet und damit nicht für den in dem VA bestimmten Zweck.

Die Tatbestandsvoraussetzungen des § 49 III VwVfG liegen damit vor.

b) Kein Vorliegen von Ermessensfehlern
Im Rahmen des § 49 III VwVfG *kann* die Behörde den VA zurücknehmen, und zwar für die Vergangenheit oder für die Zukunft, d. h. ihr steht ein Ermessen sowohl bzgl. des "ob" als auch bzgl. des Umfangs des Widerrufs zu.

Der Umstand, dass gerade auch bei Vorliegen der Tatbestandsvoraussetzungen der Ermächtigungsgrundlage eine Ermessensentscheidung getroffen werden muss, zeigt, dass allein die Tatsache, dass Ö den Subventionsbetrag nicht dem Zweck entsprechend verwendet hat, nicht ausreicht, um den Widerspruchsbescheid zu rechtfertigen. Die Behörde muss vielmehr bei ihrer Abwägung alle entscheidungserheblichen Gesichtspunkte heranziehen. Zu berücksichtigen ist deshalb insbesondere, dass Ö trotz Zweckentfremdung des Zuschusses ökologisch anbaut, sich in einer Zwangslage befunden hat und später ökologischen Dünger für 6000,- EUR gekauft hat. Sinn und Zweck des Zuschusses ist es, dafür zu sorgen, dass die Landwirte zur Schonung des Trinkwassers ökologischen Dünger verwenden. Ö hat hier ökologischen Dünger verwendet. Er hat sogar ökologischen Dünger genau in Höhe des Subventionsbetrages gekauft. Diese für die Ermessensentscheidung maßgeblichen Umstände wurden von der Behörde nicht oder nicht ausreichend berücksichtigt.

Der Widerruf des Subventionsbescheids ist damit wegen eines Ermessensfehlgebrauchs rechtswidrig.

4. Verletzung eines subjektiven Rechts
Durch den rechtswidrigen Widerruf wird Ö in seinem subjektiven Recht aus Art. 2 I GG verletzt.

II. Rechtmäßigkeit des Rückerstattungsbescheides
Ermächtigungsgrundlage für die Rückforderung ist § 49a VwVfG. Danach ist Voraussetzung, dass der Subventionsbescheid aufgehoben worden ist. Das ist zwar der Fall, allerdings hat U hier den Widerruf des Subventionsbescheides erfolgreich angefochten, da dieser rechtswidrig ist. Das Gericht wird deshalb den Widerruf des Subventionsbescheids aufheben, so dass die Voraussetzungen nach § 49a VwVfG für die Rückerstattung nicht mehr vorliegen und der Bescheid auch insoweit rechtswidrig ist und den Ö in seinen Rechten verletzt.

Die Klage des Ö gegen den Bescheid ist damit zulässig und begründet.

1. Was versteht man unter einer modifizierten Genehmigung?

Von einer modifizierten Genehmigung spricht man, wenn das Beantragte nicht wie beantragt genehmigt wurde, sondern anders.

2. Was muss bei der Frage der isolierten Anfechtbarkeit von Nebenbestimmungen zuerst geprüft werden?

Zunächst muss geklärt werden, ob es sich bei dem belastenden Zusatz überhaupt um eine echte Nebenbestimmung handelt, oder ob es sich lediglich um eine Inhaltsbestimmung handelt.

3. Wie unterscheidet man bloße Inhaltsbestimmungen von Nebenbestimmungen?

Um eine bloße Inhaltsbestimmung handelt es sich dann, wenn der Zusatz die vorhandene Regelung konkretisiert oder einschränkt. Um eine Nebenbestimmung handelt es sich dann, wenn der Zusatz eine eigene Regelung enthält.

4. Nennen Sie die verschiedenen Nebenbestimmungen

Man unterscheidet zwischen Befristung, Bedingung, Widerruf, Auflage und Auflagenvorbehalt.

5. Worin unterscheiden sich Befristung und Bedingung?

Die Befristung legt den Beginn oder das Ende der Wirksamkeit des VA auf einen bestimmten Termin fest, die Bedingung auf ein bestimmtes Ereignis, wobei bei der Bedingung der Eintritt des Ereignisses im Gegensatz zur Befristung unklar ist.

6. Worin liegt der Unterschied zwischen einer Befristung/ Bedingung und einer Auflage?

Im Gegensatz zur Befristung/Bedingung hat die Auflage keinen Einfluss auf die Wirksamkeit des Grund-VA. Die Auflage kann im Gegensatz zur Befristung/Bedingung selbständig durchgesetzt werden.

7. Wann ist eine Nebenbestimmung isoliert anfechtbar?

Dann, wenn der VA und die Nebenbestimmung teilbar sind.

8. Wann fehlt es an der Teilbarkeit?

Dann, wenn der VA ohne die Nebenbestimmung keinen Bestand mehr haben kann, z. B. weil er dann rechtswidrig wäre.

9. Was muss also bei der isolierten Anfechtungsklage gegen eine Nebenbestimmung außer der Rechtmäßigkeit der Nebenbestimmung noch geprüft werden?

Die Anfechtungsklage ist nur dann begründet, wenn die Nebenbestimmung rechtswidrig ist und die Aufrechterhaltung des verbleibenden VA rechtmäßig ist.

10. Woraus ergeben sich die Rechtmäßigkeitsvoraussetzungen einer Nebenbestimmung?

Entweder aus Spezialvorschriften, die regeln, unter welchen Voraussetzungen die Nebenbestimmung erlassen werden darf oder aus § 36 VwVfG.

11. Nach welchen Normen beurteilt sich die Rechtmäßigkeit der Aufhebung eines VA?

Wenn die Aufhebung nicht in Spezialvorschriften geregelt ist, nach den §§ 48, 49 VwVfG.

12. Wovon hängt es ab, ob es sich bei der Aufhebung eines VA um eine Rücknahme oder eine Widerruf handelt?

Von der Rechtmäßigkeit des aufgehobenen VA. Ist der VA rechtmäßig, handelt es sich um einen Widerruf, ist der VA rechtswidrig, handelt es sich um eine Rücknahme.

13. Welcher Zeitpunkt ist für die Frage der Rechtmäßigkeit des aufgehobenen Grund-VA entscheidend?

Entscheidender Zeitpunkt für die Frage der Rechtmäßigkeit ist immer der Zeitpunkt seines Erlasses.

14. Warum ist zwischen einem belastenden und einem begünstigenden VA zu unterscheiden?

Weil sich je nachdem, ob es sich um einen belastenden oder einen begünstigenden VA handelt, andere Voraussetzungen für die Rechtmäßigkeit einer Aufhebung vorliegen müssen, vgl. §§ 48, 49 VwVfG.

15. Wann kann ein rechtswidriger begünstigender VA nicht zurückgenommen werden?

Nach § 48 II S.1 VwVfG darf ein rechtswidriger begünstigender VA nicht zurückgenommen werden, soweit der Begünstigte auf den Bestand des VA vertraut hat und sein Vertrauen unter Abwägung mit dem öffentlichen Interesse an einer Rücknahme schutzwürdig ist.

16. Wann kann bei der Prüfung der Rechtmäßigkeit der Rücknahme eines rechtswidrigen begünstigenden VA auf eine Abwägung zwischen Vertrauensinteresse und öffentlichem Interesse verzichtet werden?

Dann, wenn sich aus § 49 II VwVfG ergibt, dass der VA, falls er rechtmäßig gewesen wäre, widerrufen hätte werden können. Denn der durch einen rechtswidrigen VA Begünstigte darf nicht besser stehen, als der durch einen rechtmäßigen VA Begünstigte.

17. Was versteht man unter "Tatsachen" i.S.v. § 48 IV VwVfG?

Darunter versteht man sowohl die Fakten als auch Rechtsanwendungsfehler. "Tatsachen" i.S.v. § 48 IV VwVfG umfassen also alle für den Erlass eines rechtmäßigen VA erforderlichen Umstände.

18. Wann beginnt die Frist des § 48 IV VwVfG zu laufen?

Die Frist beginnt erst zu laufen, wenn der Behörde alle für die Rücknahmeentscheidung maßgeblichen Tatsachen und Umstände vollständig bekannt sind.

19. Wo sind die Voraussetzungen geregelt, die vorliegen müssen, damit ein rechtmäßiger begünstigender VA widerrufen werden kann?

In § 49 II, III VwVfG.

Anhang

I. Prüfungsschema: Zulässigkeitsprüfung

I. Eröffnung des Verwaltungsrechtsweges
- entweder durch aufdrängende Sonderzuweisung (z. B. § 126 BRRG) oder
- gemäß der Generalklausel des § 40 I VwGO
    - öffentlich-rechtliche Streitigkeit
    - nichtverfassungsrechtlicher Art
    - keine abdrängende Sonderzuweisung

II. Statthafte Klageart
- Anfechtungsklage, § 42 I VwGO
    wenn Klage auf Aufhebung eines VA gerichtet ist, der sich noch nicht erledigt hat
- Verpflichtungsklage, § 42 I VwGO
    wenn Klage auf den Erlaß eines VA gerichtet ist
- Allgemeine Leistungsklage, § 43 II VwGO
    wenn Klage auf ein Realhandeln, Dulden oder Unterlassen gerichtet ist
- Fortsetzungsfeststellungsklage, § 113 I S.4 VwGO (analog)
    wenn Klage auf die Feststellung der Rechtswidrigkeit eines erledigten VA gerichtet ist
- Feststellungsklage, § 43 VwGO
    wenn Klage auf Feststellung des Bestehens oder Nichtbestehens eines Rechtsverhältnisses oder auf Feststellung der Nichtigkeit eines VA gerichtet ist
- Normenkontrollverfahren, § 47 VwGO
    wenn das Begehren gegen eine Rechtsnorm gerichtet ist

III. Klagebefugnis, § 42 II VwGO (analog)
Möglichkeit der Verletzung eines subjektiven Rechts

IV. Widerspruchsverfahren, § 68 ff VwGO
- Widerspruch nicht ausnahmsweise entbehrlich
- Widerspruch formell ordnungsgemäß
- Widerspruch fristgemäß

V. Klagefrist, § 74 VwGO

VI. Weitere Zulässigkeitsvoraussetzungen
1. Zuständigkeit des angerufenen Gerichts, §§ 45, 52 VwGO
2. Ordnungsgemäße Klageerhebung, §§ 81, 82 VwGO
3. Beteiligten- und Prozeßfähigkeit, §§ 61, 62 VwGO
4. Klagegegner, § 78 VwGO
5. Fehlende anderweitige Rechtskraft oder Rechtshängigkeit
6. Allgemeines Rechtsschutzbedürfnis

II. Prüfungsschema: Begründetheitsprüfung bei der Anfechtungsklage

I. Ermächtigungsgrundlage
- Auffinden der Ermächtigungsgrundlage
- Ausnahmsweise Entbehrlichkeit einer Ermächtigungsgrundlage
- Rechtswirksamkeit der Ermächtigungsgrundlage

II. Formelle Rechtmäßigkeit des VA
- Zuständigkeit der Behörde
- Einhaltung der Verfahrensvorschriften
- Formelle Anforderungen

III. Materielle Rechtmäßigkeit des VA
- Vorliegen der Tatbestandsvoraussetzungen
- Kein Vorliegen von Ermessensfehlern

IV. Subjektive Rechtsverletzung des Klägers

Stichwortverzeichnis

Außerdem erschienen im Richter Verlag

KLAUSURENTRAINING

- BGB AT
- Schuldrecht
- Sachenrecht
- Rechtsphilosophie

STREITSTÄNDE

- BGB Allgemeiner Teil
- Sachenrecht
- Strafrecht BT Vermögensdelikte
- Strafrecht BT Nichtvermögensdelikte
- Staatsorganisationsrecht

sowie

60 GRUNDFÄLLE zum SCHULDRECHT
SCHULDRECHT kompakt
FÄLLE zum ARBEITSRECHT
Das NEUE SCHULDRECHT

Und ganz neu:

WIRTSCHAFTSWISSENSCHAFTLICHE GRUNDKURSE

- Makroökonomik
- Mikroökonomik
- Finanzierung

und zum
Entspannen,
Schmunzeln
und Verschenken:

JURISTISCHE CARTOONS